中等收入阶段
农民收入问题研究

RESEARCH ON FARMERS' INCOME IN
THE MIDDLE INCOME STAGE

刘景景◎著

经济管理出版社
ECONOMY & MANAGEMENT PUBLISHING HOUSE

图书在版编目（CIP）数据

中等收入阶段农民收入问题研究／刘景景著. —北京：经济管理出版社，2024.2
ISBN 978-7-5096-9614-9

Ⅰ. ①中…　Ⅱ. ①刘…　Ⅲ. ①农民收入—研究—中国　Ⅳ. ①F323.8

中国国家版本馆 CIP 数据核字（2024）第 050633 号

组稿编辑：韩　峰
责任编辑：韩　峰　张玉珠
责任印制：黄章平
责任校对：徐业霞

出版发行：经济管理出版社
　　　　　（北京市海淀区北蜂窝 8 号中雅大厦 A 座 11 层　100038）
网　　址：www. E-mp. com. cn
电　　话：(010)51915602
印　　刷：唐山昊达印刷有限公司
经　　销：新华书店
开　　本：720mm×1000mm /16
印　　张：13. 75
字　　数：226 千字
版　　次：2024 年 4 月第 1 版　　2024 年 4 月第 1 次印刷
书　　号：ISBN 978-7-5096-9614-9
定　　价：68. 00 元

前言

P|R|E|F|A|C|E

农民收入问题一直是社会关注的热点话题。从历史经验来看，无论是发达国家还是发展中国家，在经历高速增长阶段后通常会有一个明显的增速下降阶段，高速增长的状态不会长久持续。中国 GDP 增长率由 2011 年的 9.6%下降至 2012 年的 7.9%，之后几年继续总体缓慢下降，2016 年 GDP 增速降至 7%以内。受新冠疫情导致的低基数及通胀、汇率等因素影响，2021 年出现过高速增长后，GDP 增速又下降至 2022 年的 3%。一旦经济增速大幅下降，处于中等收入阶段的国家如果未能摆脱贫困陷阱，就难以顺利进阶高收入国家行列。因此，在经济增速放缓的背景下，重新审视农民收入问题十分必要。

中国作为中等收入国家，兼顾农业与工业发展的压力巨大。目前中国农民相对收入不仅低于高收入国家，也显著低于一般中等收入国家。以往的研究讨论了不同收入水平下收入差距的缩小，其解释多是从劳动力转移和经济发展不同阶段等方面切入，只看到收入差距缩小发生在不同收入阶段，而不太关注要素流动本身的特性，以及劳动力代际转移对农民相对收入的作用。本书主要讨论的是中等收入阶段农民相对收入变化的机理，对劳动力要素差异和劳动力代际转移造成的收入差距进行了细化和补充。重点结合我国实际，从农村经济市场化的角度研究影响我国农民收入的主要因素，同时总结了以美国为代表的中高收入国家对农民收入进行干预的经验。

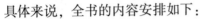

具体来说，全书的内容安排如下：

第一章是导论。本章主要介绍了重点关注的几个研究问题以及研究的目的与意义，阐述了研究重点、研究方法及数据的主要来源，并以技术路线图的形式介绍了研究的框架。同时，指出了研究的创新点和存在的不足。

第二章是概念界定、理论与文献综述。针对研究内容，分别从收入差距的度量及分解、收入差距的产生原因及影响因素、农民收入或收入差距的变化规律及缩小收入差距或增加农民收入的途径四个方面，对国内外已有文献进行了归纳、概括。通过文献综述提出本书研究的重点。

第三章是中等收入阶段农民收入变化特征。以我国为例，在中等收入阶段我国具有农民收入增速开始低于城镇居民，农业劳动相对收入下降、产业偏离程度高、资本深化程度加剧及农业剩余转移形式更为隐蔽等特点。通过对比低收入阶段、中等收入阶段和高收入阶段的农业份额及农业劳动相对收入的变化发现，农民相对收入大致呈现"U形"变化的曲线。

第四章是中等收入阶段农民收入变化机理。以劳动力就业和工资决定制度作为基本条件，从劳动力要素收入的视角构建了劳动力要素流动与部门收入差距的理论模型。分别从短期和长期讨论了同类型及不同类型劳动者收入的变化。同时，从劳动力要素转移的特性、农产品市场供需变化及政府政策目标等层面分析了中等收入阶段农民相对收入变化的机理。

第五章是农民相对收入变化趋势——是否存在"U形"曲线。讨论农业劳动相对收入随人均收入水平变化呈现的规律，并讨论影响农业劳动相对收入变化的因素。结果表明，随着人均收入水平的提高，农业劳动相对收入呈现出"U形"变化。只有经济发展到一定程度时，政府才真正有能力解决农民收入问题。

第六章是中国农民收入的主要影响因素——农村经济市场化视角的分析。目前农村居民间的收入差距比城市居民间的收入差距更大。关注城乡差距的同时，更要防止农村居民间收入差距进一步拉大。在收入分配过程中，市场机制有缩小收入差距的功能，农村市场化程度又对农民收入有着重要影响。实证结果表明，村庄内部的市场化对农民收入的影响要显著低于地区外部市场化环境的影响，对农民收入产生决定性作用的其实不在于本村庄，而更取决于地区经济的发展程度和市场化进程。我国要素市场特别是金融业市场和劳动力市场发育没有对农民收入起到积极作用，而村庄农产品市场的发育程度对农民收入起到关键作用。

第七章是中高收入阶段国家的收入再分配经验——以美国为例。作为农业大国，美国的农业保护政策已经实施了将近百年的时间。美国农业法历经曲折的市场化调整经验告诉我们，农业政策的制定一定要避免因保护而导致的农业生产效率低下问题，以及避免长期保护后形成改革困境和沉重的财政负担。政府对农业补贴和贸易保护一定要把握好尺度，要尽量减少对市场的干预，避免农业对政府补贴的依赖。

第八章是研究结论与政策建议，分析了农民增收的短期和长期目标实现的可能性，并从宏观制度设计与农民增收的具体措施两个层面提出了几点参考建议。

目录

CONTENTS

第七章

中高收入阶段国家收入再分配经验

第一章
导 论

第一节　研究问题

农民收入问题并不是一个新话题，长期以来备受关注，文献可谓汗牛充栋。如果单纯从城乡居民收入之比来看，2009 年以后我国城乡居民收入差距持续缩小，由 2009 年的 3.11∶1 下降到 2020 年的 2.56∶1。但由于两者的基数差异，城乡居民收入的实际差距仍在不断扩大，由 1978 年的人均相差 209.8 元，增加到 2020 年的 26703 元①。

我国居民的收入差距虽然较大，但仍然属于"分享型"增长，即各个群体都能从经济增长中获益，收入状况相对可以得到改善。一旦经济增速放缓，导致没有足够增量来分配时，高收入群体因有更强的谈判能力，占有的份额就会上升，低收入群体的分配状况会进一步恶化，形成财富积累的马太效应。这时收入差距的敏感性就会表现出来，社会不满情绪充斥于低收入群体，社会不稳定性增强。经济发展停滞和收入分配恶化之间存在着因果和互相强化的关系，如果处理不好这种关系，可能会使我国经济落入中等收入陷阱。

美国国家经济研究局（NBER）的一项研究表明，根据 1957 年以来的经济记录，当人均 GDP 达到 17000 美元时（以 2005 年不变国际价格计），一国经济增长率下降至少 2 个百分点。当制造业就业份额下降到 23% 或人均

---

①　资料来源：根据《中国住户调查年鉴 2021》《中国居民收入分配年度报告 2020》相关数据计算得出。

收入达到最领先国家的58%时，经济增长会放缓。历史上的西欧国家、日本、新加坡、韩国等都符合这一结论。据其预测，我国经济增速的转折点会在2015年，但实际上这一转折点显然来得更快了一些。我国GDP增长率由2011年之前的近乎10%或以上水平下降至2012年的7.9%，之后几年继续总体缓慢下降，2019年GDP增速为6.0%。在经济增速放缓的背景下，重新审视农民收入问题十分必要。

首先，一个违背基本经济学假设的问题一直存在。在要素市场开放的情况下，劳动力要素流动为什么没有实现最终的收入平衡？即便到目前为止这种平衡也没有实现，而只能由政府通过其他方式干预达到相对平衡的状态。是什么导致农业不能与其他行业实现收入平衡呢？在中等收入阶段，农民收入甚至出现了相对变化的势头，其背后的机理是什么？处于中等收入阶段的国家，经济的二元程度最深，农民作为劳动密集型产业的从业者，在这一阶段收入处于相对变化的状态，这一现象的发生有没有必然性？其背后机理是什么？

其次，农民收入问题是一个阶段性问题吗？在经济发展的某个阶段，农民都会有诉求，要求政府采用市场以外的分配手段来满足收入的平衡。什么时候收入差距就不再成为"收入问题"呢？或者说，在某个特定阶段之后，即便有收入差距存在，但经过社会校正，收入差距也不会再成为收入"问题"了。因此，本书希望能够通过一个较长历史时期的观察找到经济发展不同阶段下农民收入的特征和变化。

再次，回到我国的实际问题，目前收入差距中的一个现象是农村内部的收入差距大于城市居民间的差距。在关注城乡差距的同时，更要防止农村居民间收入差距进一步拉大。我国农民收入问题突出的一个重要原因是经济二元程度较深，要素自由流动受限。市场化是二元结构转型的制度前提。在收入分配过程中，农村经济市场化程度又对农民收入有着什么样的影响呢？农户所处的外部市场化环境与本村庄的内部市场化环境对农民收入的影响哪个更大？

最后，农民收入问题不是我国特有的现象，任何国家在一定阶段都曾经出现过农业从业人员收入偏低的情况，希望已经走过这一阶段的发达国家能带给我们经验借鉴，为解决我国农民收入问题提供参考。

总之，农民收入问题的实质是农业部门与非农业部门的利益分配问题，它不仅是农业和农村本身的问题，也与国民经济整体结构和制度安排密切相关。上述的几个引申话题也是对这个大问题的疑问和猜想。

第二节 研究目的与意义

一、研究目的

本书希望从历史纵向、区域表现、国外经验等多个维度观察农民收入的变化特点、原因和规律，以便为我国解决农民收入问题提供参考。具体来说，研究包括以下三个主要目的：

第一，鉴于我国所处的经济发展阶段，希望通过跨国面板数据来观察中高收入阶段国家的产业结构，以及农业劳动相对于社会平均劳动收入水平的变化，以此总结中高收入阶段国家的就业结构，并进一步分析中等收入阶段农民相对收入变化的机理和我国农民相对收入变化的原因，力求回答农民收入在什么阶段、什么条件下会出现逆势调整。

第二，鉴于市场化是二元经济结构转型的制度前提，本书希望借助农户数据，从我国农村内部的农民收入问题入手，观察农村经济市场化对农民收入的影响，特别是对不同收入水平下农民的影响。不同地区要素禀赋及经济发展水平不同，观察农民收入特征和变化会更有实际意义。同时，考虑到农村经济市场化的考量指标过于笼统，一般考察的是农户所在地区的市场化程度，但这一市场化程度可能与农户所在村庄的市场化程度不同步，所以进一步将市场化的指标细化为地区外部市场化程度和村庄内部市场化程度，同步观察这两类市场化程度对农民收入的影响，以此为农业政策的制定提供更加实际的参考。

第三，农业政策是为解决本国农业的具体问题或实现长远战略目标而制定的。通过观察美国这一已经走过农民收入低水平阶段的国家，总结美

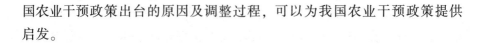

国农业干预政策出台的原因及调整过程，可以为我国农业干预政策提供启发。

二、研究意义

（一）理论意义

中国作为中等收入国家，兼顾农业与工业发展的压力巨大。目前我国农民相对收入不仅低于高收入国家，也显著低于一般中等收入国家。以往的研究讨论了不同收入水平下收入差距的缩小，其解释多是从劳动力转移和经济发展不同阶段等方面切入，只看到收入差距缩小发生在不同收入阶段，而不太关注要素流动本身是否能够真正解决收入差距问题，劳动力要素流动是否有特殊性，以及劳动力代际转移对减少农业劳动力、提高农民相对收入的作用。本书主要讨论中等收入阶段农民相对收入变化的机理，对劳动力要素差异造成的收入差距进行了细化和补充，并重点结合我国的实际情况，分析我国农民相对收入较低的原因以及收入差距收窄的趋势，有较强的理论意义。

由于缺乏对农民收入问题的世界统一的准确定量标准，不同国家、部门在基尼系数等衡量收入差距的指标上差异太大，本书以农业劳动相对于整个社会劳动收入的变化为切入点来分析农民收入问题的阶段性特征，可以视作对库兹涅茨"倒 U 形"曲线的一个反向考察。计算出农业劳动相对收入变化的拐点也是对农民收入问题研究的一个理论贡献。同时，本书运用条件分位数回归和无条件分位数回归固定效应模型等方法，把农村内部收入问题置于市场化框架下考虑，并区分地区外部市场化程度和村庄内部市场化程度对收入的不同影响，也是对农民收入研究的一个补充。

（二）现实意义

本书通过农业劳动相对收入的变化可以观察到不同收入水平下农民收入较之整个社会劳动收入的比例变化，从而分析农民收入水平的趋势。这对于认清我国所处的农民收入阶段和收入分配状况有较强的现实意义。通过分位数回归的研究方法，可以考察市场化对收入分布不同分位点的群体的影响，这对于政府出台农民收入相关政策有更强的指导意义。分析美国农民收入干预政策的出台及后续农业政策演变的机理，对我国农民收入干预政策的制定和调整有重要的借鉴意义。

第三节　研究内容与重点

本书研究的主要内容包括以下四个方面：

第一，梳理不同收入阶段农民相对收入变化的规律，总结中等收入阶段我国农民相对收入变化的表现，并从要素流动及要素特性、农产品供需变化、政府的政策目标与干预手段等视角，分析中等收入阶段农民相对收入恶化的机理。

第二，研究农业就业、产值与农业劳动相对收入的变化规律。利用跨国面板数据来观察中高收入阶段国家的产业结构，以及农业劳动收入相对于社会平均劳动收入水平的变化，总结中高收入阶段国家就业结构及行业工资水平的特征。验证农民相对收入是否随收入水平提高呈现"U 形"变化，寻找农业劳动相对收入出现转折的收入拐点。

第三，以全国农村固定观察点的农户数据为基础，分析农民收入的构成和各部分对收入增长的贡献，从我国农村内部的农民收入问题入手，观察农村经济市场化对农民收入的影响。借助条件分位数回归和无条件分位数回归固定效应模型等方法，把农村内部收入问题置于市场化框架下考虑，考察市场化对收入分布不同分位点的群体的影响，并区分地区外部市场化程度和村庄内部市场化程度对收入的不同影响。同时，对不同收入水平的地区进行细分，考察农民收入变化的地区特征，以及农村经济市场化对农民收入影响的地区差异。

第四，以美国为例研究中高收入阶段国家的收入再分配政策。从中高收入阶段国家收入的再分配经验来审视我国现行的收入政策，并从中借鉴发达国家在缩小收入差距方面的经验。

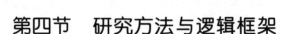

第四节 研究方法与逻辑框架

一、数据基础

本书所用数据包括国际数据和国内数据。

国际数据包括两部分：一是来自联合国粮食及农业组织(FAO)和世界银行数据库的开放数据。这些数据从 1970 年开始。按照世界银行的标准，2019 年人均国民总收入(以下简称"人均 GNI")在 1036 美元(含)以下的国家归入低收入国家行列。在计量分析部分，将两个数据库的数据进行了合并。二是来自美国的统计数据。数据来源主要包括美国农业普查数据、美国统计年鉴、美国当前人口调查(CPS)及美国农业部经济研究局(ERS)、美国经济分析局(BEA)等机构的研究数据。

国内数据主要是全国农村固定观察点的农户调查数据。全国农村固定观察点调查系统是 1984 年经中国共产党中央委员会书记处批准设立并于 1986 年正式建立并运行至今的调查体系。1990 年后，全国农村固定观察点的工作由中共中央政策研究室和农业农村部共同领导，由设立在农业农村部农村经济研究中心的"中央政研室、农业农村部农村固定观察点办公室"负责组织实施。目前调查样本覆盖全国 31 个省(区、市)的 360 个村、23000 户。2003 年开始，调查数据分为家庭成员和农户两部分。本书以农民收入为主要对象，因此在数据处理时以户码为准将家庭成员数据与农户数据进行了整合对接。

二、研究方法

本书主要的研究方法有以下五个。

（一）文献回顾法

通过大量收集、阅读关于农民收入、收入分配、市场化、农业补贴等国内外相关文献资料，梳理农民收入问题的研究现状，为研究的推进做好理论和文献铺垫。

（二）归纳分析法

归纳分析是本书的基础，根据经济增长速度和农业劳动相对收入两个指标，将列入中高收入阶段的国家分成四种类型，对不同类型国家的特征进行梳理，并作为研究的起点。

（三）比较分析法

比较分析法是本书应用较多的研究方法。首先，分析和比较不同类型国家在经济增长和农业劳动相对收入上的变化，以及影响经济转型国家和非转型国家农业劳动相对收入的主要因素。其次，比较国内不同地区农户收入的构成和收入增长来源，以及市场化对不同地区农户收入影响因素的差异。

（四）计量分析法

计量分析法在分析事物之间的相关性及影响因素的相关研究中经常被学者应用。本书应用 FAO 和世界银行数据库梳理出的 58 个国家 1970～2019 年的面板数据，用固定效应模型等计量模型分析农业劳动相对收入与经济增长、收入水平等的关系。应用条件分位数回归和无条件分位数回归固定效应模型，把农村内部收入问题置于市场化框架下考虑，考察市场化对收入分布不同分位点的群体的影响。

（五）案例分析法

在研究中高收入阶段国家的收入再分配经验时，以美国为例，梳理美国农业干预政策从出台到后续政策演进的过程，以研究和反思我国农民收入政策。

三、逻辑框架

根据研究内容和研究程序，本书的逻辑结构如图 1-1 所示。

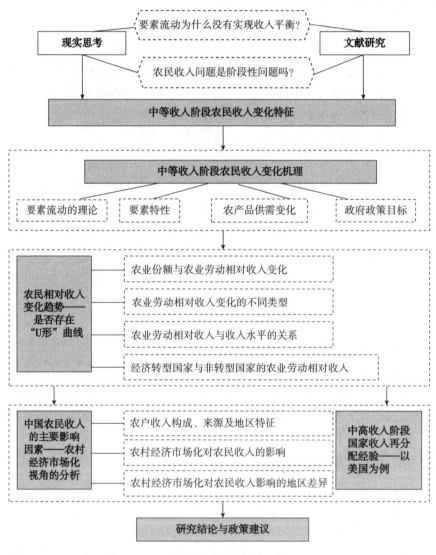

图 1-1　逻辑框架

第五节　研究的创新点

本书研究的创新点主要包括观察视角、指标选取和研究方法应用的创新：

第一，对中等收入阶段农民收入问题的研究做了补充。以往的研究讨论了不同收入水平下收入差距的缩小，其解释多是从劳动力转移和经济发展不同阶段切入，只看到收入差距缩小发生在不同收入阶段，而不太关注劳动力代际转移对减少农业劳动力、提高农民相对收入的作用。本书主要讨论的是中等收入阶段农民相对收入变化的机理，对劳动力要素差异和劳动力代际转移造成的收入差距做了一点细化和补充，并重点结合我国的实际情况，分析了我国农民相对收入较低的特殊原因，以及收入差距收窄的趋势。

第二，从行业差距视角研究农民收入的阶段性问题，应用农业劳动相对收入这一指标替代以往的基尼系数等指标，增强了研究的可靠性和可比性。由于农民收入问题缺乏世界统一的准确定量标准和相对连续的历史数据，因此不同国家、不同部门在计算基尼系数等衡量收入差距的指标时差别太大，不方便进行国别的比较和研究。本书借鉴速水佑次郎和神门善久（2003）对农业劳动相对收入的定义，以农业劳动收入相对于整个社会劳动收入的变化为切入点来分析农民收入问题的阶段性特征，并由此反向验证了库兹涅茨的"倒 U 形"曲线，计算出农业劳动相对收入变化的拐点。

第三，国内虽有研究市场化对农民收入影响的文献，但将市场化程度细化为外部市场化环境（地区市场化）与本村庄的内部市场化环境（村庄市场化），并分析这两类不同层次的市场化对农民收入的影响也是一个新的观察视角。

第四，利用条件分位数回归（CQR）方法分析了市场化对农民收入条件分布的影响程度，再利用 Firpo 等（2018）提出的再中心化影响函数（Recentered Influence Function，RIF）无条件分位数回归和 Borgen（2016）基于 RIF

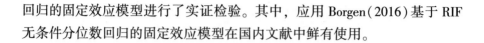

回归的固定效应模型进行了实证检验。其中，应用 Borgen（2016）基于 RIF 无条件分位数回归的固定效应模型在国内文献中鲜有使用。

第六节　研究不足

本书的不足之处主要有以下三点：

第一，对转型国家的特征及农民收入问题缺乏系统的梳理，还有待进一步深入分析。

第二，研究跨越的时间序列不够长，对国际文献的梳理也不够，对历史数据的挖掘也有些欠缺。因为中美两国在资源禀赋和农业发展阶段上有很大差异，仅总结美国一个国家的案例，其代表性还不够，对其他国家的经验缺乏总结。

第三，在研究市场化对农民收入的影响时，对影响因素没有进一步分解。从总量分解的角度可以进一步区分"特征差异"和"回报差异"，对属于不同收入水平家庭的农民收入进行更为细致的分析。

第二章
概念界定、理论与文献综述

第一节　概念界定

一、中等收入阶段

以收入为依据的发展阶段划分是判断一国国情和经济发展水平的标准，也是一国制定发展战略的重要依据，因此收入阶段的划分是本书的基础。与收入有关的发展阶段划分比较有代表性的包括以下学者：罗斯托（1962）在考察了世界经济发展的历史后，将人类社会发展分为传统社会阶段、为起飞创造前提的阶段、起飞阶段、成熟阶段、高额群众消费阶段及追求生活质量阶段，不同的阶段有不同的发展条件和特征。库兹涅茨虽然没有明确提出"阶段论"，但他对经济增长与收入不平等的关系的判断其实本身也是一种阶段的划分。最有代表性的是钱纳里对工业化发展阶段的划分。钱纳里（1988）通过对二战后 20 年间 100 个经济增长程度不同国家资料的分析，根据多国模型的标准解式，以人均国民生产总值为标准，将一国结构转换划分为三个阶段，即初级产品生产阶段、工业化阶段和发达经济阶段。在初级产品生产阶段，农业是可交易商品产出增长的主要来源；在工业化阶段，制造业对经济增长的贡献最为突出，一旦人均收入水平超过 400 美元（1964 年美元），制造业对增长的贡献将超过农业；在发达经济阶段，制成品的收入弹性降低，制造业所占的产值份额和就业份额都出现下降，伴随着农业劳动力转移、农业与其他部门收入差距的缩小甚至消失，农业将由生产率低速增长的部门转为劳动生产率增速最高的部门。

以上与收入有关的发展阶段划分都不是直接以收入作为分类依据的，以收入作为发展阶段划分依据的是世界银行。世界银行从 1987 年开始按照人均 GNI 将国家划分为四类，分别是低收入国家、中低收入国家、中高收入国家和高收入国家，具体的划分标准每年都在调整。本书关注的是农民收入变化的规律，所以对收入阶段的界定参照了世界银行的标准，主要考察中高收入阶段农民收入的变化，重点分析中等收入阶段(中低和中高合计)农民收入相对变化的机理。收入阶段的划分标准见表 2-1。

表 2-1　收入阶段的划分标准　　　　　　　　单位：美元

国家分组	1987 年	1990 年	2000 年	2010 年	2019 年
低收入国家	≤480	≤610	≤755	≤1005	≤1035
中低收入国家	481~1940	611~2465	756~2995	1006~3975	1036~4045
中高收入国家	1941~6000	2466~7620	2996~9265	3976~12275	4046~12535
高收入国家	>6000	>7620	>9265	>12275	>12535

注：单位为使用图表集法计算的美元现价，以此减少汇率波动对各国的影响。

二、涉及农民收入问题的几个概念

(一) 农民收入与收入分配

本书关注的焦点是农民收入问题，但农民收入问题的范围很广泛，它也不是一个简单的农业内部问题，而是农业与非农业部门的利益分配问题，本书研究的是与农民收入有关的分配问题。

收入分配包括两个概念，即规模收入分配(Size Distribution of Income)和功能收入分配(Functional Distribution of Income)(陈宗胜，1994)。规模收入分配所涉及的是个人或家庭与其所得收入总额之间的关系，它主要关注某一个或多个阶层的人口或家庭所得收入的份额是多少(Todaro，1981)。

功能收入分配又称为要素收入分配，它涉及的是各种生产要素与其所得收入之间的关系，是以收入来源的视角研究收入问题。本书重点关注的是劳动力要素得到的收入份额。实际上这两种收入分配是相互关联的。一般来说，功能收入分配差距越大，规模收入分配的差距就越大；反之，功能收入分配差距越小，规模收入分配的差距就越小。经济学家主要是通过功能收入分配来研究规模收入分配问题，本书也不例外，主要是从劳动力要素收入（功能收入分配）的视角切入，研究农业劳动相对收入份额（规模收入分配）变化。

本书中提到的农民收入大致有两类含义。一是指农民的收入水平，即对农民收入状况的笼统性描述，书中提到的多数指这层含义。二是指统计意义上的概念，这一概念主要用于本书的第三章和第六章。第三章在对我国农民收入现状进行分析时使用的是国家统计局的数据，第六章使用了农村固定观察点的数据，这两个数据所指的农民收入都是统计意义上的概念。

参考《中国统计年鉴》的归类，传统的农村居民家庭人均纯收入可分为生产性纯收入和非生产性经营收入两部分。纯收入是指农民当年从各个渠道获得的扣除相应费用后的收入总和。第六章所用的是农户人均收入是农户毛收入的人均值，但剔除了物价因素的影响。虽然此处采用纯收入更好，但不管是毛收入还是纯收入，都不影响对我们所关注问题的分析，因此，考虑到农户费用数据有所欠缺，此处使用了毛收入。具体到收入的来源，又分为四类：一是家庭经营收入，它是农户从事各项生产活动的收入，包括农林牧副渔、商业、运输、服务业等各类家庭经营收入，主要反映以家庭为生产单位的收入水平；二是工资性收入，它是农民通过各种方式得到的全部劳动报酬；三是财产性收入，主要包括各种租金、利息、股息收入和集体财产收入等；四是转移性收入，主要包括保险赔偿、土地征用补偿、调查补贴、退休金、救济金和抚恤金、亲友赠送和在外人口带回或寄回的收入及其他转移性收入。

（二）收入差距与农民相对收入

农民收入问题的关注焦点还是收入差距，后文会多次提到收入差距。

收入差距包含两层含义，即绝对收入差距和相对收入差距。两者既有区别，又有联系。在收入总水平确定的背景下，绝对收入和相对收入差距变动的方向是一致的，但在收入总水平不确定的情况下，两者变动的方向可能不一致。例如，当相对收入差距逐渐缩小时，绝对收入差距可能是逐渐扩大的。以农村居民和城镇居民收入差距为例，虽然两者的绝对收入差距（差值）在扩大，但收入比（比值）有可能是缩小的。

本书主要关注的是相对收入差距，并使用了农民相对收入这一概念，它指的是农业从业者的人均收入水平在整个社会平均收入水平中所处的地位，即衡量的是相对收入差距的变化。为了使这一指标具象化，同时考虑数据的可得性，最终以农业劳动相对收入来反映农民相对收入。具体的定义和计算过程如下：

借鉴速水佑次郎和神门善久（2003）对农业劳动相对收入的界定，假设 L_1 和 L_2 分别表示农业部门和非农业部门的劳动力数量，G_1 和 G_2 分别表示农业部门和非农业部门的产值，劳动力总量 $L = L_1 + L_2$，总产值 $G = G_1 + G_2$。农业产值份额是指农业产值在 GDP 中的份额，表示农业收入比率，记为 G_1/G，该指标用农业增加值占 GDP 的百分比表示。农业就业份额是指全部门（ILO 的定义）有劳动能力人口中农业劳动力所占的比率，表示农业劳动力比率，记为 L_1/L，可用农业就业人员的数量占就业总人数的比率表示。农业劳动相对收入是指农业劳动力人均收入与全部劳动力人均收入的比值，通过农业产值份额与农业就业份额的比计算得来。公式为：

农业劳动相对收入＝农业劳动力人均收入/全部劳动力人均收入

$$= \frac{G_1/L_1}{G/L} = \frac{G_1/G}{L_1/L}$$

＝农业产值份额/农业就业份额

可见，农业劳动相对收入反映从事农业劳动的劳动力所获得的收入占整个社会平均收入水平的比例。这一指标衡量的是农业劳动收入在整个社会劳动工资水平中的地位，是衡量收入差距的一个指标。通过农业劳动相对收入的变化可以观察到不同收入水平下农民收入较之于整个社会劳动收入的比例变化，从而分析农民收入水平的变化趋势。这对于认清我国所处的农民收入问题的阶段和收入分配状况有较强的现实意义。书中涉及农民相对收入或农业劳动相对收入时主要指用 FAO 和世界银行数据测算的结果。

第二节　理论综述

一、古典经济学视角

(一) 亚当·斯密关于收入分配的理论

亚当·斯密关于收入分配的理论体现在《国民财富的性质和原因的研究》(简称《国富论》)一书中。斯密对收入分配的研究概括为"三种收入"和"三个阶级"。他将人划分成工人阶级、地主阶级和资本家，对应着工资、地租和利润这三种收入。斯密认为，工资是劳动的价格，在没有土地私有和资本积累的原始状态下，劳动创造的产品就是劳动的自然报酬，即劳动的工资收入。利润是资本的价格，是资本的自然报酬，资本价格受资本供需的影响，这一利润实际指的是资本的利息。地租是土地的价格，是使用地主土地的报酬。工资是劳动产品的一部分内容，其余部分被分配给资本和土地。斯密的理论将生产要素的收入和市场供求关系联系在一起，认为要素收入主要源于要素的稀缺性。

(二) 大卫·李嘉图关于收入分配的理论

在《政治经济学及赋税原理》一书中，李嘉图提出了三个对传统与现代部门关系的基本假设：一是假设农业是经济中占统治地位的部门，农业生产受收益递减规律的影响；二是假设农业存在剩余劳动，农业工资受制于人口总量而维持在生计水平；三是假设地主阶级只进行挥霍性消费，工人的储蓄倾向为零，只有资本家储蓄。在此假设前提下，随着经济增长，地主阶级同资本家和工人阶级的收入差距日益增大。

李嘉图对收入差距产生根源的解释主要是从部门收益变化规律的视角进行分析。李嘉图认为，农业部门与工业部门有不同的收益变化规律。要增加农业产出，有两种基本方式：一种是增加生产性劳动的投入，另一种是等量劳动下改变其他要素的组合，使之产生更大的产出，这只有通过农业改良和机械使用才能达到。经济增长主要取决于土壤肥力、资本积累、人口及农业技术，即土地、资本、劳动力和技术进步。在工业部门中，收益递减趋势会被技术进步和规模收益递增的效果所抵消，从而实现收益递增。但在农业部门中，技术改良只对农业生产成本产生暂时的影响，长期内无法改变生产边际收益递减的规律。由于人们在生产过程中会优先开发肥沃的土地，当更多劳动力同有限的土地或相对贫瘠的土地相结合时，边际收益递减规律必然发生。随着边际收益递减程度增大，资本家所得的利润份额相对缩小，地租会因土地稀缺程度提高而上升，地主阶级的收入份额将增大。当劳动边际产品等于工人的不变量生计工资时，利润变为零，收入差距达到最大。李嘉图的理论实际说明的是地主阶级与租地资本家间的收入差距扩大。

二、新古典经济学视角

（一）克拉克关于收入分配的理论

约翰·贝茨·克拉克在《财富的分配》一书中，在边际效用的基础上建立了收入分配理论，工资论和利息论是其分配理论的主要内容。克拉克提出了劳动和资本的替代原理，将资本生产理论与边际效用论相结合。克拉克认为，工人工资由边际生产率决定，利息取决于资本的边际生产。当保持资本数量不变、改变劳动数量时，可以得到对应不同就业水平下劳动的边际产品。劳动和资本都存在边际生产力递减规律。在资本数量不变的前提下，工人人数的增加会因技术和设备的相对减少而降低生产力，即劳动的边际生产力递减。资本也存在边际生产力递减规律，即在工人人数不变的情况下，单位资本的工人数量减少会导致新增资本的产品数量减少。土地也是资本的一种形式。地租与利息一样也有边际生产力递减规律。克拉克认为，在资本主义条件下，资本和劳动能够得到各自在协作生产中所创造的产品和价值，所以资本主义社会的分配制度是合理的（李静茹，2010）。

（二）马歇尔关于收入分配的理论

马歇尔是新古典经济学的重要代表人物之一，在其代表作《经济学原理》一书中，马歇尔对他之前的收入分配理论进行了一次大综合，这也为现代分配理论的发展奠定了基础。马歇尔将古典经济学中劳动、土地、资本三种生产要素拓展为四种，即劳动、土地、资本和企业家才能，其对应的要素价格依次为工资、地租、利息和正常利润。马歇尔思想的核心是均衡价格的形成。均衡价格由供给和需求决定，边际成本为供给价格，边际产量为需求价格，当边际成本等于边际产量时，均衡价格形成（金振宇，2011）。其中，工资是企业雇佣劳动力的成本，工资由劳动力的需求和供给决定。工资取决于工人的边际生产力，由于存在边际生产力递减规律，所以工资也会逐步下降。劳动供给的价格取决于劳动的生产费用，即获取劳动技能的代价。地租是土地的成本，因为土地供给有限，所以影响地租的最重要因素是需求。需求取决于土地的边际产量，在边际产量递减规律下，对土地的需求会一直持续到边际产量为零为止。利息是资本的报酬，由资本的供给、需求价格决定。资本的需求价格取决于资本的边际生产力，供给取决于资本家的"等待"。企业家提供的服务也有供给、需求价格，利润是企业家的报酬，由企业家的供需决定。

三、近代观点

（一）福利经济学关于收入分配的理论

福利经济学是新古典经济学后对收入分配研究最为深入的学派，公平和效率一直是福利经济学讨论的重点。庇古被称为"福利经济学之父"，他将福利经济学定义为以社会经济福利最大化问题为研究对象的经济理论。他认为，社会经济福利是个人经济福利的总和，经济福利的大小取决于国民收入多寡及分配。以边沁的功利主义哲学和基数边际效用价值论为基础，庇古提出随着货币收入增加，货币的边际效用递减，由于低收入者的货币收入很少，所以货币边际效用很大；高收入者的货币收入较多，其货币边际效用很小。基于高、低收入者货币边际效用的差异，庇古提出，要增大社会经济福利，需将富人的部分货币转移给穷人，通过收入均等化实现社会公平，增加社会经济福利。

（二）新福利经济学关于收入分配的理论

庇古是旧福利经济学的代表，新福利经济学以卡尔多、希克斯等为主要代表。新福利经济学反对基数效用论，支持序数效用论。卡尔多将帕累托的边际效用价值论引入福利经济学，认为判断价值的唯一标准是"帕累托最优"。依据卡尔多、希克斯的补偿原则，某一经济变动有受益者和受损者，当一个人的境况因变革得到改善，并且他能够补偿另一个人的损失，那么整体的效益就改进了。这种变革被称为卡尔多-希克斯改进，成为福利经济学的著名准则。

（三）库兹涅茨关于收入分配的理论

1955 年库兹涅茨提出了著名的收入差距"倒 U 形"假设，即在经济发展过程中，收入差距会呈现先扩大、后缩小的趋势。库兹涅茨通过普鲁士的资料证明了经济增长早期阶段收入分配不平等迅速加剧并恶化的趋势，又通过美、英、德等国数据，证明了经济发展后期阶段收入不平等改进的趋势。这几个国家粗略的历史资料大致支持了库兹涅茨假说。库兹涅茨还通过横截面数据，证明处于经济发展早期阶段的发展中国家比处于经济发展后期阶段的发达国家有更明显的收入不平等现象。库兹涅茨认为，收入不平等在早期恶化的原因有两个：一是增长是储蓄和积累的函数，但储蓄和积累集中在少数富裕阶层；二是增长同工业化、城市化相伴随，城市内部收入分配比农村更不平等。收入不平等由恶化转为缓和受到了其他因素的抑制，从而部分抵消了前两个因素的作用，这些抵消因素包括法律、政治、人口变动、技术进步、新行业兴起等。由于所用统计资料不够全面，库兹涅茨对"倒 U 形"假设的论证不太充分，理论解释也不够严谨。例如，库兹涅茨将城市化作为收入差距扩大的原因，但实际上农业人口向工业部门的转移将使收入差距先上升后下降，他认为城市内部收入分配比农村更不平等也与一些国家如我国的实际不符。库兹涅茨"倒 U 形"假说自提出以来，在经济学界产生了持久影响，也引起了很大的争论。

四、基于中国特色公有制经济收入差别"倒 U 形"理论

陈宗胜（1994）基于我国存在农业部门和非农业部门的二元结构及其转换特征，在一系列假设条件下，将劳动差别、劳动供求、剩余/生计比及两部门转换等公有制经济发展中的基本因素对收入差距的影响进行了讨论，提出了公有制经济收入"倒 U 形"理论模型。其分析表明，在经济发展初级阶段，随着劳动差别扩大，熟练和复杂劳动的供求缺口加大，剩余/生计比上升，人口非农化程度提高，但由于农业人口仍占较大比重，收入差距仍会继续扩大。在经济发展的较高阶段，劳动差别缩小，熟练与复杂劳动的供求趋于平衡，剩余/生计比随生计收入的上升而下降，农业人口占较小比重，这些因素又使收入差距缩小。因此，公有制经济发展中收入差距的长期趋势呈"倒 U 形"。除了上述因素，陈宗胜还指出，影响我国收入差距的因素还包括体制改革、政策变动、民营资本积累等。在经济发展水平相对较低时，随着民营资本积累对收入差距的扩大作用的发挥，若收入调节政策尚未推出或调节力度较小，收入差距会不断扩大。在经济发展水平较高时，资本积累扩大收入差距的作用依然存在，但收入调节政策的出台会缩小收入差距，因此处于双重过渡经济背景下的经济体，其收入差距依然呈"倒 U 形"。

通过上述收入分配理论的梳理可以发现，关于收入分配问题经济学界已经讨论研究了很多年，但每个研究或理论都有其侧重点或关注点，库兹涅茨"倒 U 形"假说是与本书研究关注的问题最为直接和密切的，因此第五章对农业劳动相对收入份额的研究实际也是对库兹涅茨"倒 U 形"假说的逆向验证。

第三节　文献综述

本书关注的核心问题是农民相对收入变化，这一变化衡量的其实是收入差距的变化。因此，对文献的回顾主要基于收入差距。收入差距特别是地区收入差距问题受关注较早，从 20 世纪 80 年代就在讨论，而对农民收入问题的学术讨论相对晚一些，始于 20 世纪 90 年代，也就是农民收入增长的第一个黄金期过后，但至今也已延续了 30 余年的时间。虽然农民收入状况一直起伏变化，但作为理论研究的焦点，国家的重视程度和老百姓的关注度一直是有增无减。目前关于收入差距问题研究的主要思路大致如下：怎么衡量差距？为什么有差距？差距变化有什么规律？怎么缩小差距？国内外关于收入差距问题的讨论集中于以下四大领域。

一、关于收入差距的度量及分解

关于收入差距的度量及分解，主要有三大类研究。

第一，从数学、统计和经济学的角度研究各类测度收入不平等程度的方法。目前常用的方法或指标主要有变异系数（Coefficient of Variation）、基尼系数（Gini Coefficient）、阿特金森指数（Atkinson Index）和泰尔指数（Theil Index）等。万广华（1998）推导出了基尼系数的变化分解公式，并对我国农村区域间收入差异进行了分析，结果显示，我国农村区域间收入差异呈现出上升的趋势，并且该趋势与农村经济结构变化密切相关。屈小博和都阳（2010）运用分省面板数据对我国农村区域间基尼系数进行了分解，结果发现，1995~2008 年我国农村区域间收入差距总体呈上升趋势，但增长幅度明显减弱。杨明洪和孙继琼（2006）突破传统地域划分方法，首次以东北老工业基地、京津冀、长三角、珠三角、中部、大西南、大西北七大经济地带作为考察单元，运用多层次分解的泰尔指数测量了不同经济带间、经济带内部及总体地区差距的时空演变。郝淑玲等（2023）采用基尼系数和 Bonferroni 指数的 BOI 分解对流动人口收入差距不平等程度进行测度，结果发现人口流动不会缩小个体的收入差距，东部地区流动人口收入差距的不平等程度持续扩大。对我国的收入基尼系数，不同的研究团队得出的结论不同。

随着近年来面板数据应用提高，对收入差距的测度和分析有了新的变化，其中一个重要研究方向就是收入流动性研究。收入流动测度的是某一个体(群体)的收入水平相对于另一个体(群体)的收入排序的变动，从而避免了年度收入不均等缺陷。孙文凯等(2007)使用全国农村固定观察点1986~2001 年数据对农村家庭收入流动进行分析，结果显示，分析期内农户收入流动程度随时间变化呈现先增大后趋于稳定的走势，这期间农村的收入流动始终大于城市。周兴和张鹏(2014)对我国城乡家庭代际间职业流动与收入流动进行了研究，结果表明，城镇家庭子女职业趋向父代职业"回归"，而农村家庭中父辈从事非农职业的有助于其子女职业向上流动；代际间的职业传承在一定程度上阻碍了代际间的收入流动，其对高收入家庭代际收入的弹性影响更为明显。严斌剑等(2014)研究发现，多维收入流动性指标显示我国农村收入流动性在波动中呈下降趋势，低收入群体收入固化。杨希雷和黄杏子(2023)则在家庭收入流动趋势的基础上，进一步采用中国家庭追踪调查(CFPS)的数据探究了非正规就业对居民家庭收入向上流动的影响，发现非正规就业对居民家庭收入向上流动具有显著负向影响。陈宗胜和杨希雷(2023)系统研究了我国居民收入流动性程度、方向、趋势、合意性及影响因素，发现从绝对收入流动指标来看居民流动性整体下降，但从质量来看向上流动高于向下流动，家庭人力资本、社会资本量、体制内就业、工资性收入比重均有利于居民向上流动。

第二，从调查体系或统计体系入手研究收入差距的估计偏差。多数研究者都赞同，现行的调查体制是导致我国收入差距估计偏差的重要原因。对地区差距和城乡收入差距的研究通常会与劳动力的流动结合起来。蔡昉和王美艳(2009)认为，我国调查制度未能覆盖"常住流动人口"这一群体，从而导致对农村收入水平的低估和城市收入水平的高估，这也是我国城乡收入差距并未因劳动力大范围流动而缩小的主要原因。如果涵盖这一群体，城乡收入差距并非如观察到的那么大。高收入群体在常规调查中低报收入的现象非常普遍，尤其是对于来源不明的灰色收入，官方调查更是无法获得真实数据。为此，以王小鲁为代表的中国经济体制改革研究会收入分配课题组在2005~2012年进行了三次城镇居民收入分配状况调查，他们通过熟人定向、匿名等方式获得了一手调查数据，分析结果表明，我国城镇居民2011年有庞大的隐形收入，估算值高达15.1万亿元。李实和罗楚亮（2011）将城乡居民名义收入以地区生活费用指数进行折算，得出以购买力平价为基础的地区间和城乡间的实际收入差距，并将长期的、稳定的城镇外来人口（即城镇中的农村流动人口）按照单独的住户类型来处理，再通过帕累托分布拟合出高收入人群的收入分布特征，进而对高收入人群样本进行偏差修正。研究结果显示，修正完样本偏差后，特别是在加入高收入人群样本后，我国的基尼系数上升了9%，达到0.42，这表明高收入人群样本的偏差造成了城镇内部收入差距的严重低估，以及全国整体收入和城乡间收入差距的很大程度低估。

第三，对引起不平等的影响因素进行分解。之前的研究关注点主要是不平等测度本身，并未将其与引起不平等的因素结合起来分析，因而局限性较大。从20世纪70年代以来，研究收入差异问题使用最为广泛的是Blinder-Oaxaca分解方法，这是由Blinder（1973）和Oaxaca（1973）提出的基于线性回归模型的分解方法。该方法的基本思想是在明瑟工资回归方程中置换不同劳动力群体或同一群体不同时期的回归系数，并将收入差距分解成要素结构效应和要素回报效应两部分。经过发展和演变，目前可以将工资差异分布分解方法大致归纳为七类：基于经典线性回归的分布分解（JMP1993分解、FL1998分解）、基于半参数模型的分布分解（DFL分解、Lemieux分解）、基于条件分位数回归的分布分解（MM2005分解、Q-JMP分解）、基于RIF回归的分布分解（FFL分解）（郭继强等，2011）。

二、关于收入差距的产生原因及影响因素

收入差距问题涉及农村居民内部、城市居民内部、城乡居民之间收入差距及地区间收入差距等几个层面的分析，虽然对象或落脚点不同，但研

究方法基本相似。

（一）基于制度等政策宏观视角的分析

一些学者从政策宏观视角和制度经济学的角度出发，认为城乡差距扩大的原因主要是基于政府的政策偏向。其中，阿马蒂亚·森（2002）研究表明，制约农民收入增长的瓶颈是制度性障碍。他指出，导致饥荒产生的原因可能不完全是食品短缺，更可能是权力分配不均。收入差距问题往往也不是因为物质资源的绝对不足，而是受到一系列制度因素的影响造成的，正是这些制度性障碍阻碍了政府履行再分配职能。Acemoglu 和 Ventura（2002）发现，即便是在生产和技术溢出收益递减的情况下，国际贸易也会导致稳定的世界收入分配，这是因为专业化和贸易带来了事实上的递减收益。Galor 等（2009）研究显示，土地所有权的不公对教育制度产生了不利影响，因而妨碍了农业经济向工业经济的过渡。

陈宗胜（2002）认为导致我国城乡收入差距的最重要原因就是城乡二元结构。城乡二元分割体制被认为是限制农民增收的首要障碍（陈锡文，2002；黄祖辉、王敏，2002；黄少安，2003；孙继辉，2004；蔡昉、都阳，2005）。城市优先发展战略和重工业优先发展战略等造成的工农业剪刀差，使得农村剩余财富不断转移到城市（蔡昉和杨涛，2000；刘社建和徐艳，2004；程开明和李金昌，2007）。Anderson（1995）利用 CGE 模型研究表明，贫穷国家的农民及代理人在农业价格等保护政策方面所获得的总收益仅是富裕国家的 1/9~1/6，而其工业资本家及代理人所获得的工业保护却是富国的 10 倍以上。长期以来我国剩余劳动力的存在会使得收入分配本身就倾向于相对稀缺的资本要素，而在土地、矿产、原有的国有资产使用权和收益权的特殊权利、权益的分配上，可能会由于政策执行的不到位，出现某些特殊身份群体以不正当手段获得这些权益的情况，从而加剧了收入分配的不平等状态（蔡昉和王美艳，2014）。骆永民和樊丽明（2015）通过动态随机一般均衡（DSGE）模型研究表明，农村土地是农民获取农业收入的保障，但同时也是获取工资性收入的阻碍，土地对农民收入的影响会随着经济环境的变化而转换于"阻碍"和"保障"这两种角色之间。金融发展对农民收入的增长具有显著负效应，而金融制度对农民增收也有关键性影响，这直接导致了城乡收入差距的拉大及二元结构的强化（温涛等，2005）。孙宁华等（2009）通过一个包括劳动力市场扭曲和两部门效率差异的一般均衡模型对我国城乡收入差距进行建模，并运用数值模拟和参数校准的方法，证明缩小城乡收入差距的关键在于消除劳动力市场的扭曲因素、农业与非农业部门的效率差异和制度障碍。近年来，我国社会经济的市场化水平不断提升，与此同时逐步改善了城乡二元经济结构，明显抑制了城乡居民收入差距不断扩大的趋势，曾卓然（2019）的实证结果表明二元经济结构对我国城乡居民收入差距的影响在东部和西部地区呈现显著的负向效应。

李伶俐等（2013）的研究显示，财政分权下的城市化进程最初会缩小城乡收入差距，但这需要一个合理的限度，一旦超过，则会产生负效应；在我国现行财政分权体制下，政府通过增加城市化预算可以有效地推动城市化进程，分税制改革后这对城乡差距的收敛效应更加明显。李实和朱梦冰（2022）研究收入差距问题发现，财产分配差距和公共服务等是我国实现共同富裕的主要挑战，当前我国初次分配制度改革仍处于半途之中，导致很多不合理的收入差距在初次分配阶段就已经存在，与此同时，收入再分配的政策力度明显不够，实现共同富裕亟需推进收入分配制度改革。

市场化改革与城乡收入差距扩大的关系成为近年来学者争论的热点问题。学术界普遍认为，我国市场化进程在城乡之间，包括在农村内部都显现出不平衡性。蔡立雄和何炼成（2008）设计了农村经济市场化的各项指标并逐一进行了测算。阎大颖（2007）运用二元经济相关理论研究得出，市场化进程对缩小城乡收入差距起到积极的作用。李实（2010）研究显示，不能笼统地将市场化改革作为收入差距扩大的原因，由其引发的收入差距扩大，有公平的一面，也有不公平的一面。徐志刚等（2017）利用农业农村部固定观察点数据对我国农村内部居民收入差距进行了测算和分解，并对其变化从市场化改革和要素流动角度进行了解释，结果表明，劳动力市场化改革明显促进农户工资性收入提升，资本市场化改革对农户财产性收入和非农经营收入增长影响显著，但扩大了财产性收入差距。近年来，产业结构调整已成为我国市场经济改革的重要特征，有学者论证了产业结构调整对收入分配的影响，一个经济体工业比重的下降扩大了收入差距，即随着工业比重的下降、服务业比重的提高，基尼系数不断上升（林淑君等，

2022）。

（二）基于劳动者个体特征及要素报酬视角的分析

大量研究从农户或农民微观视角分析了影响收入差距的政治资本、人力资本、社会资本及物质资本等因素。大部分研究认同人力资本投资对收入的影响，认为教育是影响收入获取能力的重要投资形式。舒尔茨在《改造传统农业》中早就指出，增加农民的人力资本投资才是改造传统农业的根本出路。人力资本的差距是造成农村区域间、农户间与农民个体间收入差距的"最持久的源泉"（柯炳生，2005）。郭剑雄（2005）基于内生增长理论指出，人力资本的低积累率和农村地区的高生育率所产生的马尔萨斯稳态是农民增收困难的根本原因。高梦滔和姚洋（2006）运用非参数分位数回归法对影响农户收入差距的原因进行了研究，并使用广义差分法剔除农户异质性，分析表明，人力资本是农户收入差距拉大的主要原因，物质资本对农户收入差距的影响不显著，在不同收入组别中，人力资本都明显高于物质资本的回报。Morduch 和 Sicular（2000；2002）从政治资本的视角分析指出，党员和干部等政治因素对农户收入产生正效应，其对农村家庭收入不均等的贡献同样为正。

近年来，社会资本对收入的影响越来越受到学术界的关注。王晶（2013）利用中国家庭收入调查（Chinese Household Income Project，CHIP）的数据分析了农村市场化过程中社会资本的收入效应，结果显示社会资本的收入效应主要体现在非农生产部门。赵剑治和陆铭（2010）基于回归的 Shapley Value 分解法，从社会资本的角度分析我国农村社会网络的不平等对农户之间收入差距产生的影响，并研究了不同市场化程度的省份中社会网络对收入不平等造成的影响。程名望等（2015）基于全国农村固定观察点数据，运用分位数回归和 Bootstrap 技术研究了我国农户收入差距及其影响因素，发现人力资本、物质资本、金融资产、非农就业缩小了农户收入差距，而社会资本、金融负债、制度与政策、区域发展水平等拉大了农户收入差距。也有学者把社会资本作为调节变量引入实证模型，发现农业产业集聚能够缩小我国城乡收入差距，其中改善农业社会资本配置状况有助于更好地发挥农业产业集聚的外部效应，并且农业大省比非农业大省更容易

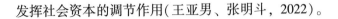

发挥社会资本的调节作用(王亚男、张明斗,2022)。

(三) 基于国际视角或区域视角的研究

许多学者认为经济国际化加剧了收入差距与失业,对技术劳动者需求的改变是导致收入差距加大的原因(Acemoglu,2002;Baldwin 和 Cain,2005)。也有学者认为,技术进步而不是贸易导致劳动需求结构的变化(Berman 等,1994)。还有很多学者对地区收入差距的根源进行了研究。Rozelle(1994)、刘纯彬和陈冲(2010)分解了我国省际间和省际内的农民收入差距。张平(1998)的研究显示,在发达地区就业机会更多,家庭在工业劳动中得到的收入远高于农业收入,而在欠发达地区,由于工业化水平发展较为迟缓,就业机会更少,农户难以获取工业收入,进而表现为工业性收入导致地区间的差异。王鹏飞和彭虎锋(2013)运用变截距模型进行分析,结果表明,城镇化水平的提高能有效提升农民收入,然而该带动作用有较大的区域性差异,其中对中部地区农民的带动作用最大,其次为东部地区,西部地区最后。徐翔和王洪亮(2003)认为,不同地区农民增收政策实施的侧重点不同,东部地区应侧重于推动制度变迁增加农民收入,中部地区更应该投资于农村教育,西部地区要注重资本投入。此外,近年来交通发展及劳动力转移对收入差距格局也带来了重要影响,余泳泽等(2019)从异质性劳动力转移的视角,采用双重差分法(DID)和双重差分倾向得分匹配法(PSM-DID)评估了高铁开通对城乡收入差距的影响,发现高铁开通显著地缩小了城乡收入差距,但这一影响在地区之间表现出一定的异质性,由于西部地区高铁建设远滞后于东部地区,因此高铁在西部地区不能发挥缩小城乡收入差距的作用。

三、关于农民收入或收入差距的变化规律

(一) 关于农民收入的发展阶段研究

目前学术界在阶段划分上有以下几种:张全跃(2009)将改革开放后的农民收入增长状况大致分为五个阶段,分别是超常规增长阶段(1978~1985

年)、低迷阶段(1986~1993 年)、增长波动阶段(1994~2000 年)、增长再启动阶段(2001~2003 年)和加速阶段(2004 年至今)。曹泽华(2003)将农民增收分为两个阶段,即第一阶段(1978~1986 年)的超常规发展,该阶段实施的家庭联产承包责任制等政策极大解放了农民生产积极性,第二阶段(1987~2001 年)则进入了正常范围内的上下波动状态。Knight 和 Song(1999)将刘易斯模型与一个剪刀差模型相结合,描述了一个典型劳动力无限供给条件下,扭曲的城乡关系政策所造成的城乡差距格局。蔡昉(2003)将我国城乡收入差距纳入制度经济学的分析框架内,考察其中变化的临界点。研究表明,1978 年的我国城乡收入差距水平打破了过去传统城乡关系政策赖以存在的制度平衡,从而引发农村经济改革。农民通过"用脚投票"这样的"退出"机制,最终推动了城市偏向政策的改变。当城乡收入差距回落到改革开放之初水平时,制度变革条件将再一次成熟,它将促使户籍制度及其相关政策的改变,而 1978 年的城乡收入差距水平就是这一变革的临界点。蔡昉的临界点结论虽不能说是完全正确的,但却是少有的对农民收入的阶段性给出明确答案和预期的研究。在农业发展阶段的划分上,蔡昉和王美艳(2016)又将农业发展划分为解决食品供给问题、农民收入问题和农业生产方式问题三个阶段,并指出我国农业面临的主要矛盾在于农业效率或生产方式,解决问题关键则在于扩大经营规模、遏止资本报酬递减。王丽莉和文一(2017)以林毅夫的新结构经济学和文一的新阶段理论为基础,通过工业化路径的跨国比较,认为一个国家的工业化发展路径应该是由国家主导的自下而上、农村到城市、轻工业到重工业、立足于制造品(包括原始手工品)出口而不是农产品和原材料出口的顺序,这是成功跨越各种收入陷阱的关键。颠倒了这个顺序,则不能成功。

对收入差距变化规律的研究,最有代表性或争论最激烈的是对库兹涅茨"倒 U 形"曲线的验证。其中,有支持的声音,也有反对的声音。一种观点认为经济增长与收入平等之间呈现正相关的关系。例如,Aghion 等(1999)的研究认为,当资本市场不完善时,就无须在公平与效率之间进行权衡,另外还分析了经济增长可能会提高收入不平等水平的几种机制。Forbes(2000)的研究证明,在短期和中期,一个国家收入不平等水平与经济增长呈显著的正相关关系。Forbes 同时也指出,这一结果与之前文献不同可能是因为采用了不同的实证方法，之前文献多是采用 OLS 或者工具变量法，这篇文章使用的是系统广义矩估计法，另外考察周期的不同也会影响结果。近年来，数字经济快速发展背景下，对数字经济和收入不平等的关系研究也在增多。白雪洁等（2023）的研究发现，数字经济有利于提升各区域人均收入水平、缩小各区域收入差距，并且影响效果呈现为低收入组优于中收入组、中收入组优于高收入组。其中，增加个体就业机会和提高家庭收入水平是数字经济缓解收入不平等情况的重要渠道。另一种观点认为经济增长与收入不平等间呈负相关关系。Deininger 和 Squire（1998）采用收入和财产分配的跨国数据验证初始不平等与经济增长之间的关系。结果证明，长期经济增长与初始资产分布的不平等程度呈现出显著的负向关系。初始资产的不平等导致穷人的投资活动及再分配要求不能得到满足，自我脱贫无法实现，从而减缓了经济增长。但发达国家有完善的融资方式和完备的社保体系，就不存在初始资产不平等与未来经济增长的负向关系。

当然，支持"倒 U 形"曲线的研究也很多。Adelman 和 Morris（1973）收集了 43 个国家的资料，其研究结果基本支持了库兹涅茨假说。Paukert（1973）将 Adelman 和 Morris 研究中的样本扩充到 56 个国家，并以基尼系数为收入不平等水平的指标进行了验证，结果显示，伴随人均收入水平的提高，收入不平等在上升后慢慢转为下降，长期来看趋向于不平等。Ahluwalia（1976）利用 60 个国家的资料，对横截面"倒 U 形"假设进一步验证。Chenery 和 Syrquin（2010）使用 55 个国家的资料进行回归分析，也发现了"倒 U 形"规律。但这些研究后来也都受到了批评（Fields，1981；Anand 和 Kanbur，1993；Saith，1983）。在使用纵向时间序列数据时，Weiskoff（1970）利用不是太全面的时序资料证实了"倒 U 形"曲线的前半部分。邵红伟和靳涛（2016）利用 149 个国家和地区 1981~2013 年的国际横截面和面板数据对"倒 U 形"曲线进行验证，结果支持了"倒 U 形"曲线的存在，并发现我国大致在 2011 年以后进入库兹涅茨拐点区，收入差距会在一定时期内维持稳定，并逐渐趋于缩小。总的来看，多数横截面资料支持了收入差距与经济发展水平的"倒 U 形"关系，发达国家和发展中国家经济发展初期的时间序列资料证明了收入差距上升的趋势，发达国家的时间序列资料则显示收入差距下降的趋势(陈宗胜，2014)。库兹涅茨认为收入差距并不会无条件地伴随经济发展呈现先升后降的变化趋势，该变化其实是由一系列政治、经济、社会及人口条件共同造成的(王小鲁、樊纲，2005)。数字经济方面，李晓钟和李俊雨(2022)从理论上分析了数字经济发展水平对城乡居民收入差距的影响机理，实证结果表明，数字经济发展水平对城乡收入差距的影响呈先扩大后缩小的"倒U形"态势，数字经济发展水平对城乡收入差距存在门槛效应。

(二)　关于农民收入结构及来源的研究

农民收入不同来源的增长格局也是近年来学者争论的热点问题之一。目前学术界基本一致的观点是，农民人均纯收入中农业收入所占比例不断下降，而非农业收入占比则大幅度上升，非农产业收入已成为推动农民收入增长的主要力量，农民收入的来源也越发广泛(盛来运，2005；方桂堂，2014)。通过对国家统计局历年来农民收入数据进行分析，发现农民收入的主要组成部分仍然是家庭经营性收入，但其占比呈下降趋势，第二、三产业收入在家庭经营性收入中的作用越来越大，其中工资性收入占比日趋加大，其对农民增收的作用也越发显著(李宁辉和孙继伟，2006；杨明灿，2016)。姜长云(2008)提出，转移性收入和财产性收入总体呈稳定增长态势，并成为农民收入增长的新亮点。蔡昉和都阳(2005)对我国地区之间的工资收入进行了研究，结果显示，自20世纪90年代后期以来，我国地区间工资差距不断缩小，地区差距对工资差距的贡献也不断缩小，而部门差距的贡献却不断加大。随着地区间劳动力流动条件不断完善，部门间的劳动力流动障碍也越来越大。曹菲和聂颖(2021)重点关注了产业融合与农民收入之间的互动机制，发现产业融合发展能够显著促进农民收入的增长，其作用机制是产业融合提升了农业产业结构的合理化和高级化水平，推动了农业产业结构的升级，从而促进了农民收入的增长。刘自强和张天(2021)探究了数字普惠金融对农民增收渠道的深远影响，发现数字普惠金融能够促进工资性收入、经营性收入和转移性收入的提升，但无法推动资产性收入的提高，并且数字普惠金融主要通过促进地区经济增长、提高就业机会与工资水平来间接促进农民增收。

（三）关于收入趋同性问题的研究

趋同性研究最开始是用于分析地区经济增长变动趋势，用以验证新古典经济增长理论的假说，后来被逐渐应用到其他研究问题，多用于分析收入、经济增长率、技术效率等。在研究地区收入差距、农民收入变化趋势时，学者们常用这类研究方法。对趋同性的研究大致分为三类：σ 趋同，β 趋同和俱乐部趋同。σ 趋同是指不同经济单位的某个指标分布的分散程度随时间推移而降低。目前比较常用的考察标准有标准差、方差和变异系数等。大部分研究结论显示，我国城乡收入差距或农民收入不存在 σ 趋同，收入的收敛性不稳定（王洪亮和孙国锋，2007；穆月英等，2010；陈素琼等，2011）。β 趋同又分为绝对 β 趋同和条件 β 趋同。条件 β 趋同是建立在控制其他稳态决定因素基础之上的，反之则为绝对 β 趋同。如果所有经济单位向某一点聚集，那么该趋同就称为全局性趋同，也就是通常理解的趋同；如果所有经济单位并非向同一点聚集，而是向两个及以上的点聚集，这种趋同就是俱乐部趋同，向各个点集聚的经济单位就构成了趋同俱乐部（陈林兴、黄祖辉，2014）。何一峰（2008）认为，关于究竟存在条件趋同还是俱乐部趋同，目前学术界的结论很难统一。王洪亮和孙国锋（2007）通过研究发现，当控制了人力资本、物质资本及劳动力增长率等相关条件后，农民收入呈现出条件 β 趋同，但不同地区间的趋同速度并不相同，人力资本和物质资本等趋同条件在不同地区间所起的作用也大不相同。黄素心和王春雷（2009）发现，各省农民收入向中高俱乐部靠拢的趋势虽然存在，但实现需要漫长的时间。陈林兴和黄祖辉（2014）采用有限混合高斯分布模型研究了我国省际农村居民人均纯收入的趋同性，研究中将我国省际农村居民收入划分为高收入省份和低收入省份两个收入分布区间，两者几乎不存在任何流动性，结果显示，我国各省农村居民收入呈双峰锁定式俱乐部趋同。

四、缩小收入差距或增加农民收入的途径

对于解决农民收入问题，很多学者是从农民收入来源的视角进行分析

的。例如，部分学者认为农产品价格和农业产业结构在很大程度上会制约农业经营收入（张晓山，2003；孙继辉，2004；王宏，2004；薛亚梅，2004；张车伟、王德文，2004）。有学者通过运用总体收入相对差距系数对我国城乡收入不平等问题进行了调研分析，结果表明，工资性收入差距对我国城乡居民收入差距的贡献最大（黄祖辉等，2005；曾国安和胡晶晶，2008）。黄季焜（2000）认为，解决农民增收问题，除了在制度和农业领域寻找原因，必须从"农"中跳出来，转变思路，到非农领域中搜寻答案。D. 盖尔·约翰逊（2004）的研究指出，中国农村的经济繁荣不仅同农业有关，同非农产业的关系也非常大。尹成杰（2006）认为，农民收入增长的过程是与其他各种经济活动密切相关的一个过程，当前农民增收的一个重要特征就是其与外部因素的关联度在不断加强。熊子怡等（2022）基于我国城市层面的数据实证发现，数字经济发展能够显著缩小城乡收入差距，并且在市场化程度较高和要素市场发育程度较高的地区的差距缩小效应更明显。此外，也有学者对数字经济发展对城乡收入差距的影响提出了不同观点，认为加大农村基础设施投资力度和加快农村金融发展是确保数字经济发展惠及农村居民的重要保障。

农业干预政策是学者们研究农民增收问题的一个重要方向。鉴于农业非自然垄断行业，并有明显的正外部性，产品价格相对其他产品波动剧烈，多数人赞成政府应该给农业生产者提供补贴（番绍立，2016）。这些学者认为，我国的农业补贴政策在实现粮食增产和促进农民增收上发挥了重要作用，通过提高农业生产要素投入水平促进了粮食增产，具有降低农业劳动力投入的要素替代效应（孙博文，2020；高鸣、王颖，2021）。

对于补贴造成的福利损失和市场扭曲问题，也一直存在争议（朱满德和程国强，2011）。国内田维明（1991）最早开始测度不同时期的主要农业补贴目标。许多学者针对补贴政策中存在的诸多问题提出了改进的建议。谭智心和周振（2014）指出，农业直补促进了种粮农民的积极性，但对农户种粮积极性的促进作用小于成本上升带来的抑制作用。于晓华等（2017）认为，我国农业补贴政策改革应借鉴欧盟共同农业政策改革的经验和教训，除了保持适量的粮食库存以保障粮食安全外，必须按照国际粮价长期波动的节奏，逐步导入市场机制，减少扭曲生产的价格支持，同时增加对农民的直接补贴。公茂刚和李汉瑾（2022）首先肯定了农业补贴对农业总产值和农民人均收入有显著正向影响，但也指出农业补贴依然存在实施成本较高、信息不对称、补贴方式不合理、补贴监管体系不健全等问题。徐更生（2007）、冯继康（2007）、陈阵（2013）、彭超（2014）等对美国农业补贴政策进行了深入研究，对改进我国农业补贴政策提供了有益借鉴。

不过，农业补贴也好，其他政策也好，这些改善农民收入的措施都是外部措施，实际是治标不治本的。发展经济学和国内多数的研究学者都认为，城乡收入差距变化的关键点在于农民人数的大幅减少和城市居民比例的提高，政府从城市偏向政策转向城乡平等关系的建立和两部门均衡发展。国际上收入差距较小的国家并不是依赖于初次分配，而是依靠再分配过程来缩小差距的。日本是一个典型的通过再分配缩小收入差距的国家。2008 年日本初次分配时的基尼系数高达 0.4539，再分配后基尼系数降低到0.3192，改善度达 29.7%。

五、文献述评

从已有的研究文献来看，对农民收入问题的研究领域宽泛，研究方向多样，研究视角从宏观到微观都有涉及。对于一些问题的认识有共识，也有争议，这说明收入问题十分复杂。对处于中等收入阶段的我国而言，农民收入问题又有着不同寻常的意义，因为这关系到一个人口大国和农业大国能否成功跨越中等收入陷阱及其他各种陷阱。不过从这些研究中，也可以发现有些问题值得再讨论。

首先，从研究对象来看，大多数学者对收入差距的研究是基于人群收入的，较少关注行业收入。研究人群收入会更多考虑劳动力要素价格、人力资本投入等，这与劳动力个体关系更大，而行业收入与制度的关系更为紧密。从行业差距本身寻找原因更有宏观意义。以往的研究虽然讨论了不同收入水平下收入差距的缩小，其解释多是从劳动力转移和经济发展不同阶段的问题切入，只看到收入差距缩小发生在不同收入阶段，而不太关注劳动力代际转移对减少农业劳动力、提高农民相对收入的作用。另外，在研究指标的选取上以基尼系数等为主，指标计算方法复杂多样，实际降低了数据的可比性和可靠性。

其次，聚焦我国收入问题时，有一个现象经常被忽视，即农村内部的收入差距比城市居民间的差距更大，解决农民收入问题其实应该更关注解决农村内部的收入问题。对收入群体中处于不同收入水平的人群，各种收入影响因素的作用其实也不同，这一点在目前的实证研究中还不够，特别是应用条件分位数回归、无条件分位数回归的前沿研究还不多，研究还有待深入。在分析收入问题时，市场化是被经常讨论的一个重要因素，但市场化的界定范围没有进一步区分，整个地区经济的外部市场化程度和农村本地的内部市场化程度对农民收入的影响可能是不同的，已有研究也很少有学者关注这一点，下一步有待深入探讨。

总之，现有研究虽然十分丰富，但也有一些值得继续关注的问题需要分享，新的研究方法有待应用。为此，本书希望能够从不同的视角来再次探讨农民收入问题。

第三章
中等收入阶段农民收入变化特征

第一节　中国农民收入现状与挑战

一、中国农民收入现状

（一）农民收入增长没有显著优势，近十余年增速逐步快于城镇居民和 GDP

改革开放以来，我国农民收入增长经历过两个黄金时期，一个是 1978~1986 年，另一个是 2010 年至今。这两个时期中农村居民收入增速都快于城镇居民。1986~2009 年，城镇居民收入增速在多数年份都占有绝对优势。1978~2015 年中有 19 年的时间农村居民收入增速超过了城镇居民，另外的 18 年则是城镇居民收入增速更高（见图 3-1）。从 1978~2020 年这四十多年的收入增长对比来看，农民收入总体并没有显著的增长优势，但随着劳动力供求关系的变化，农民收入的增长速度逐渐快于城镇居民。从 2010 年开始，农村居民收入增速快于城镇居民，也高于 GDP 增速。2020 年我国农村居民人均可支配收入达到 17131 元，比 2010 年增加 10859 元，增长约 173%。农民收入在"十二五"时期实现了年均 9.6% 的实际增速，在"十三五"时期实现了 6.0% 的实际增速，均高于同期的城镇居民收入增速。

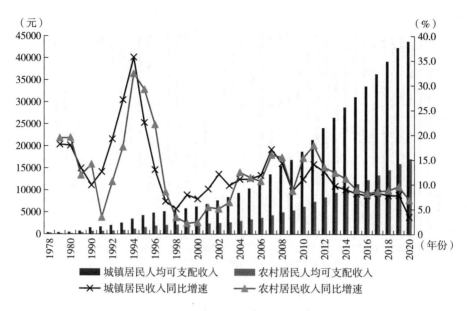

图 3-1　城乡居民收入及增速对比

资料来源:《中国住户调查主要数据(2021)》，其中 2014 年以前的数据为可对比的新口径。

(二) 农村居民收入占比在城乡居民总体收入分配中下降

在居民收入分配总量中，城镇居民收入占比提高、农村居民收入占比下降是城市化进程中的必然现象。2013 年，国家统计局实施了城乡一体化住户调查改革，当年的住户调查数据分为新、老两个口径。根据可对比的老口径数据测算，住户调查中的城乡居民人均可支配收入和城乡居民年平均人口直接放大推算得出的居民收入占核算中的居民可支配收入的比例将近70%，基本能够代表居民可支配收入的城乡总体分配状况(王晓涛等，2016)。以此结果，可大致推断居民收入的城乡分配比例。1980~2020 年，我国城镇居民收入在居民总收入中占比由 37.2% 提高至 81.9%(见图 3-2)，提高了近 45 个百分点，农村居民收入占比由 1980 年的 62.8% 下降至2020 年的 18.1%。依据新统计口径，农村居民收入比例虽然在 2014~2020年继续下降，但降速有明显减缓，这也与前文所述农村居民收入增速连续十余年快于城镇居民收入有关。

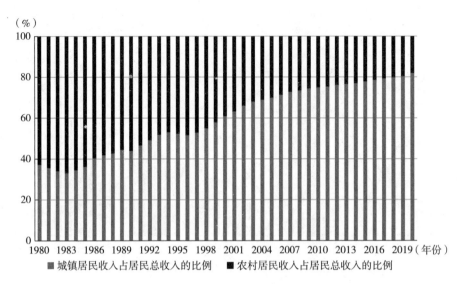

图 3-2　1980~2020 年城乡居民收入占比变化

资料来源：根据《中国居民收入分配年度报告（2016）》、《中国住户调查主要数据（2020）》、第七次全国人口普查主要数据计算得到。

（三）工资性收入成为农民收入构成中的主要部分

随着农民向非农产业转移，在农民收入的构成比例中，工资性收入对农民增收有着至关重要的作用。国家统计局调查结果显示，2020 年我国农民工总量为 28560 万人，较 2010 年增长 17.9%。随着农民工队伍扩大和工资水平提高，工资性收入占农民收入的比例不断提高。从农村居民人均收入的构成变化来看（见表 3-1），2013 年工资性收入占农村居民纯收入的45.3%，较 2000 年提高了 14.1 个百分点。目前，外出农民工平均每年的从业时间大约是 10 个月。2008 年以来，农民工的月平均工资占城镇单位就业人员平均工资的比例均在 50% 及以上，2010~2017 年基本稳定在 56% 及以上（见图 3-3）。农民工工资的上涨速度在 2008~2016 年超过城镇单位就业人员，平均每年上涨 11.8%，较城镇单位就业人员工资平均增速快0.6 个百分点；2016~2020 年，农民工工资的年均增速仅为 5.3%，比同期城镇单位就业人员工资的年均增速低约 4.3 个百分点。但在 2008~2020年，农民工工资的年均增速为 9.6%，比同期城镇单位就业人员工资的年均增速低约 1 个百分点。归根结底，农民工工资与城镇居民工资的变化是由劳动力的供求关系所决定的，刘易斯拐点之后的工资趋同，是农民工工资上涨速度超过城镇单位就业人员工资上涨速度的基础条件，因劳动力供求关系变化导致的工资趋同现象未来还会进一步凸显。

表 3-1　农村居民人均收入构成变化　　　　单位：%

年份	农村居民人均收入	工资性收入	经营净收入	财产净收入	转移净收入
1995	100	22.4	71.4	2.6	3.6
2000	100	31.2	63.3	2.0	3.5
2005	100	36.1	56.7	2.7	4.5
2010	100	41.1	47.9	3.4	7.7
2011	100	42.5	46.2	3.3	8.1
2012	100	43.5	44.6	3.1	8.7
2013	100	45.3	42.6	3.3	8.8
2014	100	39.6	40.4	2.1	17.9
2015	100	40.3	39.4	2.2	18.1
2016	100	40.6	38.3	2.2	18.8
2017	100	40.9	37.4	2.3	19.4
2018	100	41.0	36.7	2.3	20.0
2019	100	41.1	36.0	2.4	20.6
2020	100	40.7	35.5	2.4	21.4

注：2013 年及以前年份为农民纯收入数据，2014~2020 年为农村居民人均可支配收入数据。

资料来源：《中国统计年鉴》（2021）。

与工资性收入占比不断提高相反的是，农村居民家庭经营纯收入占比不断下降，由 1995 年的 71.4% 下降至 2020 年的 35.5%，大约平均每年下降 1.4 个百分点。财产净收入占比变化不大，基本在 2%~3.3% 区间内。随着对农民的补贴力度加大，农民的转移净收入占比自 2004 年以后明显加快，2013 年转移净收入占农民纯收入的 8.8%，较 2000 年提高了 5.3 个百分点。在 2013 年以后，随着统计口径的变化，转移净收入占农村居民人均可支配收入的比例由 2014 年的 17.9% 增加到 2020 年的 21.4%。总体而言，转移净收入对农村居民人均收入的重要性在不断增加。

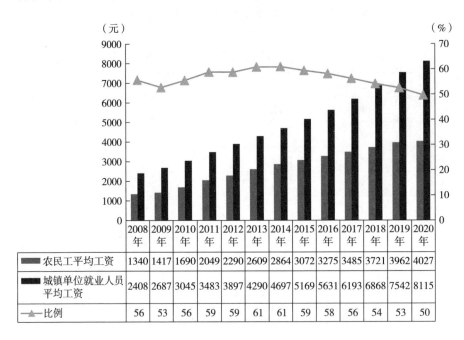

（元）	2008年	2009年	2010年	2011年	2012年	2013年	2014年	2015年	2016年	2017年	2018年	2019年	2020年
农民工平均工资	1340	1417	1690	2049	2290	2609	2864	3072	3275	3485	3721	3962	4027
城镇单位就业人员平均工资	2408	2687	3045	3483	3897	4290	4697	5169	5631	6193	6868	7542	8115
比例	56	53	56	59	59	61	61	59	58	56	54	53	50

图 3-3 农民工平均工资与城镇单位就业人员平均工资对比

资料来源：根据历年《农民工监测调查报告》《中国统计年鉴》《国民经济与社会发展统计公报》相关数据计算得到。

二、中国农民增收面临的挑战

（一）农业发展本身面临着经济成本与环境成本的双重制约

目前，我国农业面临着价格天花板和成本地板的双重限制，国内外农产品价格倒挂短期内难以逆转，生产成本持续上涨，农产品涨价空间受限，农业比较效益低下。在资源和环境两道"紧箍咒"越来越紧的背景下，统筹"保饭碗"和"保生态"的难度加大。一方面，农业资源过度开发，农业投入品过量施用，土地、水资源污染严重，耕地退化步伐加快，森林湿地保护不力等问题突出。长期以来，为了增加农产品产量，农业资源和生态已经严重透支，资源环境的旧债未还，新债又增。另一方面，随着人口总量和城镇人口数量增加，粮食等主要农产品需求刚性增长，农业面临保饭碗、保生态、促增收等多重压力。

（二）第二、三产业对农民的吸纳能力减弱

农民收入增长最终依赖于城镇化进程加快和劳动力向非农产业的转移。通过产业就业弹性[①]，可以看到相关产业对劳动力的吸纳情况。如图3-4显示，第一产业对劳动力的吸纳自2003年以来一直持续负值，说明劳动力在由第一产业转向其他产业。2003~2012年，第二产业就业弹性一直保持正值，说明第二产业对吸收农业劳动力就业发挥了重要作用。但从2013年开始，直至2019年，第二产业弹性系数开始连续出现负值，可见第二产业对就业已经产生了"挤出效应"。第三产业对就业的吸纳能力一直很强，2000年至今一直保持正值，2013~2015年就业弹性系数分别达到0.49、0.46和0.34，就业增长率分别达到6.6%、5.5%和4.3%，但2016年第三产业弹性系数降至0.21，2017~2020年在波动中保持基本稳定，2020年第三产业就业弹性系数为0.20，但就业增长率在2016年跌至2.4%，在2020年进一步跌至0.7%，说明第三产业对就业的拉动效应明显减弱。这很可能是受到新冠疫情的影响，但2020年第二产业的就业增长率和就业弹性均由负转正，第二产业就业弹性系数甚至超过了1.5。尽管近两年农业的就业弹性略有增加，但考虑到新冠疫情对经济的影响将逐步趋于平稳，加上对第二、三产业就业弹性的趋势和变化的考虑，可以预想，在农民的人力资本水平短期内难以有效提升的背景下，未来一段时间要实现农民工就业规模大幅扩大和工资水平快速上涨的难度仍然较大。

---

① 每一百分点经济增长所对应的就业增长的变化率。

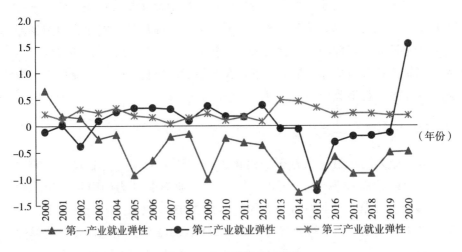

图3-4 三次产业就业弹性

资料来源：根据《中国统计年鉴》相关数据计算得到。

（三）经济增速下滑对农民收入的影响较大

收入增长依赖于经济发展，特别是在农民工资性收入占比高达40%的条件下，经济增速放缓的压力不断传导至农民群体，经济增速下滑对农民收入的影响也十分显著。在世界经济深度调整阶段，目前国内经济下行压力依然较大。2010年我国国内生产总值（GDP）为412119亿元，比2009年增长10.6%，2015年GDP为688858亿元，比2014年增长7%，而2020年受新冠疫情影响，尽管我国是全球范围内唯一保持经济正增长的国家，实现了约101.6万亿元的国内生产总值，但GDP增速下降约为2.3%，与2010年相比，同比增速下降8.3个百分点。农民收入增速在此背景下也随之下滑，2010年农村居民人均可支配收入为6272元，比2009年增长15.4%；2015年为11422元，比2014年增长8.9%；而2020年为17131元，比2019年增长6.9%，较2010年同比增速低8.5个百分点。农民收入增长放缓的速度也比GDP更为显著。

（四）城市生活的低保障状态和高成本减弱了农民转移意愿

目前我国农业就业比例高于世界中等收入国家的平均水平，大量农村劳动力仍需转移。2020 年仍有 1.77 亿人从事第一产业，占我国整个就业劳动力的 23.6%，就业结构与产业结构存在很大偏差。城市就业部门不能较好地为农民提供完善的社会保障和福利，也是造成农民不愿或过早退出城市劳动力市场的原因。据国家统计局调查，2016 年签订了劳动合同的农民工仅占 35.1%。从生活成本的对比来看，与农村居民生活消费支出相比，农民工消费支出比同期的农村居民高出很多，2014 年农民工居住支出占比 46.9%，远高于农村居民 21% 的支出比例。可以预想，同等收入水平的农民工，其生活的舒适度和幸福感要显著低于在家农民。考虑到外出务工的各类成本，近年来本地农民工增长较快，外出农民工增速逐年回落。2011~2016 年，外出农民工增速分别为 3.4%、3.0%、1.7%、1.3%、0.4% 和 0.3%，2017~2020 年分别为 1.5%、0.5%、0.9% 和 -2.7%。外出农民工占农民工总量的比例则由 2011 年的 62.8% 逐渐下降到 2016 年的 60.1%，2020 年降至 59.4%。外出农民工中跨省流动农民工数量继续减少。2016 年跨省流动农民工为 7666 万人，比 2015 年减少 79 万人，跨省农民工占外出农民工的 45.3%，比 2015 年下降 0.6 个百分点。2020 年跨省流动农民工进一步减少，为 7052 万人，比 2019 年减少 456 万人，跨省农民工占外出农民工的 41.6%，比 2019 年下降 1.5 个百分点。尽管 2020 年农民工流动半径缩小主要受到新冠疫情的影响，但要真正解决一亿左右农民的进城问题和实现他们的市民化，据中国社会科学院测算，政府需要每年一次性投入约 6500 亿元，这确实是一笔不小的开支。在城市的生活成本高企是影响农民最终落户城市的重要制约因素。

（五）转移性收入快速增长的可能性较低

农民转移性收入大幅上涨的基础是国家财政收入的较快增长。受宏观经济形势影响，我国财政收入增速近几年来明显放缓，由 2011 年的 25% 缩减到 2015 年的 8.5%，2019 年进一步降至 3.8%，而 2020 年财政收入负增长 3.9%。国家对农林水事务的支出占比在财政收入增幅下降的同时，在 2017 年以前保持了艰难上升，2017 年及以后占比略有降低，但基本稳定在 9.5% 左右。2016 年国家财政用于农林水事务的支出占财政收入的比例达到 9.9%，2020 年农林水事务支出占比为 9.8%，在财政增幅放缓的背景下保持这一比例的缓慢增长或基本稳定已属难得（见图 3-5）。未来一段时期，财政收入仍将延续增速下滑的态势，"三农"支出增长也会受限，这从根本上制约了农民转移性收入的快速增长。此外，农业"四补贴"上涨空间有限，增速减缓。从趋势看，"四补贴"的增速明显下降，2010~2014 年年均增长 9.8%，显著低于 2004~2009 年 54.4% 的年均增速。近十年来，我国农业补贴规模和范围不断扩大。从 WTO（世界贸易组织）规则来看，我国可以有 8.5% 以内的"黄箱"补贴，但部分品种已经逼近黄线，补贴规模难以继续保持现有的增长速度。

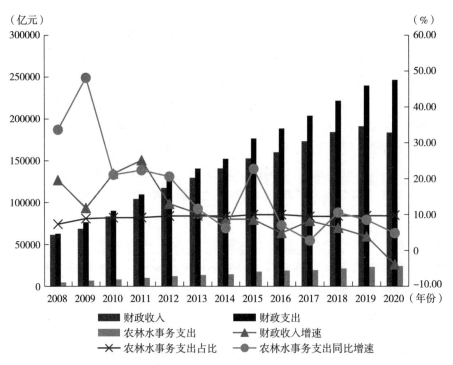

图 3-5　2008~2020 年国家财政收入、支出及"三农"支出情况

注：此处的"三农"支出指农林水事务支出。

资料来源：历年《中国农业发展报告》《中国统计年鉴》。

（六）全面脱贫后相对贫困治理仍面临重要挑战

为了缩小城乡收入差距，特别是解决农村贫困人口的收入问题，中央财政不断加大扶贫力度和规模。2011~2015 年，中央财政专项扶贫资金由 272 亿元增加到 467.45 亿元，2020 年达到 1461 亿元，相比 2011 年增加了 437%。随着财政投入的增加，以及党和各级政府的重视，我国于 2020 年取得了脱贫攻坚战的伟大胜利，实现了农村贫困人口的全部脱贫，也为全世界的反贫困事业做出了重大贡献。但如果从农村居民内部收入差距变化来看，农民内部的收入也呈现出分化趋势。以延续可比较的农村居民纯收入的五等份分组数据来看，低收入组农户在 2000~2013 年收入年均增速为 9.4%，低于其他组农户的收入增速，也低于农村居民人均收入增速 1.7 个百分点（见表 3-2）。2014 年以来，以人均可支配收入的新口径计算，农村居民人均收入增速相比有所降低，2014~2020 年年均增长 8.5%，但低收入组农户收入增速最快，为 9.2%，比收入增速最低的中等收入组农户高 1.6 个百分点。尽管如此，农村居民内部的贫富差距仍比较明显：2020 年，高收入组农户的人均收入，是低收入组农户的 8.23 倍。这说明，在实现了农村贫困人口全面脱贫及全面建成小康社会后，相对贫困治理，尤其是进一步增加农民收入、缩小城乡之间和农村内部的收入差距仍任重道远。

表 3-2　按五等份分组的农村居民人均收入

年份	农村居民人均收入	低收入组农户（20%）	中等偏下组农户（20%）	中等收入组农户（20%）	中等偏上组农户（20%）	高收入组农户（20%）
2000	2253.4 元	802.0 元	1440.0 元	2004.0 元	2767.0 元	5190.0 元
2005	3254.9 元	1067.2 元	2018.3 元	2851.0 元	4003.3 元	7747.4 元
2010	5919.0 元	1869.8 元	3621.2 元	5221.7 元	7440.6 元	14049.7 元
2011	6977.3 元	2000.5 元	4255.7 元	6207.7 元	8893.6 元	16783.1 元
2012	7916.6 元	2316.2 元	4807.5 元	7041.0 元	10142.1 元	19008.9 元
2013	8895.9 元	2583.2 元	5516.4 元	7942.1 元	11373.0 元	21272.7 元
年均增长率	11.1%	9.4%	10.9%	11.2%	11.5%	11.5%

续表

年份	农村居民人均收入	低收入组农户（20%）	中等偏下组农户（20%）	中等收入组农户（20%）	中等偏上组农户（20%）	高收入组农户（20%）
2014	10488.9元	2768.1元	6604.4元	9503.9元	13449.2元	23947.4元
2015	11421.7元	3085.6元	7220.9元	10310.6元	14537.3元	26013.9元
2016	12363.4元	3006.5元	7827.7元	11159.1元	15727.4元	28448.0元
2017	13432.4元	3301.9元	8348.6元	11978.0元	16943.6元	31299.3元
2018	14617.0元	3666.2元	8508.5元	12530.2元	18051.5元	34042.6元
2019	16020.7元	4262.6元	9754.1元	13984.2元	19732.4元	36049.4元
2020	17131.5元	4681.5元	10391.6元	14711.7元	20884.5元	38520.3元
年均增长率	8.5%	9.2%	7.8%	7.6%	7.6%	8.2%

注：2000~2013年为农村居民人均纯收入数据，2014~2020年为农村居民人均可支配收入数据。

资料来源：《中国统计年鉴》。

（七）网络"邻里效应"增强了农民收入的敏感性

除了农民增收的一些现实困难，新媒体时代放大的"邻里效应"也让人们对收入问题的敏感性进一步增强，从而给政府解决收入问题带来更多压力。已有研究显示，"邻里效应"对个体的流动决策与收入动态变迁具有非常显著的作用。随着新的媒体传播方式变化，人们接收和传播信息的方式也发生了变化，农村居民收入的比较对象也由实际居住地的"真实邻里"扩展到"网络邻里"。为了追求点击率，很多网络媒体经常会不负责任地夸大事实，影响了人们对社会真实收入差距水平的判断。2012年《中国青年报》社会调查中心的一项民调显示，接近半数的受访者认为，媒体对贫富对立等扭曲事实的新闻炒作影响了公众的判断力。特别是网络媒体为了博取眼球经常过度关注穷人、富人等"社会少数人"的极端信息，却加大了"社会大多数人"的焦虑。在信息传播速度以几何级数式增长的时代，政府在解决收入差距等问题时面对的压力更大了，人们对收入的敏感性不断上升。

第二节　中等收入阶段中国农民收入变化特征

一、农民收入增速总体低于城镇居民，农业劳动相对收入下降

按照世界银行标准，我国从 1998 年进入中等偏下收入国家行列(不包含港澳台地区)，但我国农民的相对收入并没有改善，甚至在这一时期出现了恶化趋势。从 1998 年开始，农村居民收入同比增速总体上低于城镇居民收入，直到 2010 年，农村居民收入增速才明显跑赢城镇居民(见表 3-3)。恰好在 2010 年，我国开始进入中等偏上收入国家行列。可以看出，在中等偏下收入阶段，我国农民的相对收入状况是持续下降的。农民收入增长的这一变化与我国农业劳动相对收入的变化曲线也基本吻合。如图 3-6 所示，改革开放以来至 20 世纪 90 年代初期，我国农业劳动相对收入基本徘徊在40%~50%，这一时期我国还属于低收入国家行列。进入 20 世纪 90 年代之后，特别是从 1996 年开始，一直到 2010 年，在我国步入中等偏下收入阶段后，农民的相对收入状况出现变化，农业劳动相对收入由 40% 下降至 25%，2010 年以后，有持续回升迹象，2019 年达到 28.5%。换言之，到 2019 年，农业劳动无法获得全社会平均收入的 1/3，这对于全面建成小康社会后，实现共同富裕提出了重要挑战。

表 3-3　进入中等收入阶段以来中国城乡居民收入增速对比　　单位：%

年份	城镇居民收入同比增速	农村居民收入同比增速
1998	5.1	3.4
1999	7.9	2.2
2000	7.1	2.4
2001	9.1	5.4
2002	12.1	5.1

续表

年份	城镇居民收入同比增速	农村居民收入同比增速
2003	9.8	6.4
2004	11.1	12.5
2005	11.2	11.4
2006	11.9	10.7
2007	17.1	16.0
2008	14.3	15.5
2009	8.7	8.7
2010	11.1	15.4
2011	14.1	17.9
2012	12.6	13.5
2013	9.7	12.4
2014	9.0	11.2
2015	8.2	8.9
2016	7.8	8.2
2017	8.3	8.6
2018	7.8	8.8
2019	7.9	9.6
2020	3.5	6.9

资料来源：《中国统计年鉴》(2021)(据可对比的新口径)。

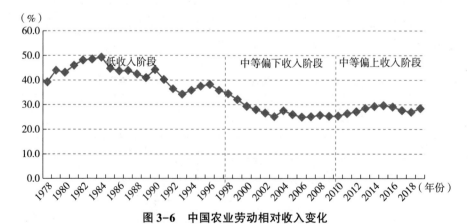

图3-6　中国农业劳动相对收入变化

资料来源：根据FAO和世界银行数据计算得到。

二、产业偏离程度高，农业劳动相对收入低于高收入国家和同期同收入水平国家

与高收入国家相比，我国农业劳动相对收入显著较低，2019年高收入国家农业劳动相对收入为42.9%，我国的农业劳动相对收入仅为28.5%，不足高收入国家的2/3，与同期中等收入国家28.0%的平均水平持平。与其他中等收入国家相比，我国农业劳动力的相对收入下降速度更快。与1975年相比，2019年我国农业劳动相对收入下降了13.4个百分点，同期中等收入国家农业劳动相对收入下降了12.7个百分点。

我国农业劳动相对收入的这种变化是与产业结构的状况相对应的。按照钱纳里-塞尔昆的标准，当人均收入在1000美元时，初级产业占GDP的份额为13.8%，相应的就业份额为25.2%。对比我国农业的产值和就业份额，可以发现我国产值与就业结构的偏离程度较大。与钱纳里-塞尔昆标准结构相比，我国第一产业容纳了过多的劳动力（见表3-4）。产业结构应与人均国民收入水平形成相互对应的关系，但我国的工业化方式影响了就业结构的转换，进而影响了农民相对收入的正常提高。

表3-4　中国产业结构与钱纳里-塞尔昆标准结构之间的偏差　单位：%

年份	GDP 结构偏差			就业结构偏差			城市化率偏差
	第一产业	第二产业	第三产业	第一产业	第二产业	第三产业	
1990	-20.7	94.2	-29.0	9.0	-34.4	-24.6	-24.6
1992	-33.9	96.1	-22.5	9.8	-32.0	-25.3	-25.3
1994	-36.4	99.4	-26.1	7.5	-24.3	-27.3	-27.3
1996	-33.1	93.5	-28.7	5.4	-17.8	-26.7	-26.7
1998	-36.2	79.0	-22.3	10.4	-18.9	-24.4	-24.4
2000	-42.0	70.7	-17.2	17.1	-19.2	-21.7	-21.7
2002	-42.2	57.4	-13.2	27.6	-19.9	-20.9	-20.9
2004	-34.8	50.8	-17.3	36.6	-19.4	-22.4	-22.4
2006	-28.8	46.1	-21.5	51.9	-21.3	-26.2	-26.2

资料来源：《中国农村经济形势分析与预测（2007—2008）》。

图 3-7 给出了几个代表性国家的产业结构，这些国家按照人均国民总收入水平由高到低排序，可以看出，它们的农业产值和劳动力份额基本呈现递增态势。2019 年印度尼西亚的人均 GNI 为 4050 美元（当年美元价），其对应的农业产值比例为 12.7%，农业劳动力比例 28.5%。我国同期的人均 GNI 为 10310 美元，是印度尼西亚的 2.5 倍，但农业产值和劳动力比例却分别为 7.1% 和 25.3%，与印度尼西亚的差距并不大。这两项比例不仅显著高于人均收入在 10000 美元以上的国家，与同收入水平的国家相比，我国的农业占比也明显偏高。我国农业产值份额和劳动力份额在 2019 年分别较中等偏上收入国家的平均水平高出 1.1 个百分点和 4.3 个百分点。劳动力份额相对更高，说明未来我国农业劳动力向非农行业转移的压力会更大，我国农民增收也进入了一个爬坡过坎的关键时期。

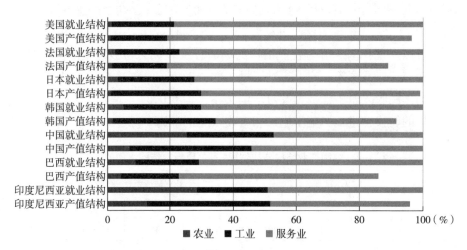

图 3-7　不同收入水平国家的产业结构

资料来源：根据世界银行数据计算得到。

三、资本深化程度加剧，农业劳动力向外转移难度加大

改革开放以后，我国政府放弃了以重工业为主的发展战略，但城市和工业偏向型的政策仍在发挥作用。20 世纪 90 年代以后，我国工业品供给由短缺开始转向过剩，增加资本投入、进行技术改造、"减员增效"成为工

业体制改革的重要目标。除了企业的改革，从中央到地方各级政府也纷纷
进行改革和职能转变，大量劳动力从工业和行政部门分离出来，这也变相
降低了社会对劳动力的需求。这种改革的实质是以资本、技术替代劳动，
是一个"资本深化"的过程。资本深化只有当资本积累的增长快于劳动力增
长时才会发生。如果以 10 年为一个时期的话，那么，20 世纪 80 年代我国
固定资产投资以年均 9.9% 的速度增长，劳动力供给年均增长 4.3%，固定
资产增速是劳动力供给增速的 2.3 倍。20 世纪 90 年代，固定资产增速开
始增加，年均增长 15.6%，是劳动力增速的 12.5 倍。21 世纪的前 10 年，
固定资产增速达到了前所未有的高度，年均增长 20.9%，同期劳动力增速
仅为 0.6%，前者是后者的 34.8 倍。资本深化程度最高的时期几乎与我国
步入中等收入国家的时间相吻合。"资本深化"是产业结构升级的需要，但
也变相增加了农业剩余劳动力向外转移的难度，导致产出结构的转换过分
快于就业结构，农民的相对收入自然也处于恶化状态中。2011~2019 年，
固定资产增速虽然较 21 世纪初期 10 年的水平有明显下降，年均增速降为
7.8%，但这一时期劳动力数量略微下降，2020 年相比 2011 年年均减少
0.02%，导致固定资产增速是劳动力增速的-390 倍；如果以 2011~2019 年
的数据为基准，则劳动力年均增长 0.06%，固定资产增速为其 130 倍（见
表 3-5）。总体上，在 20 世纪第二个 10 年，我国农民的相对收入水平也有
明显回升，如图 3-6 所示。

表 3-5　全社会固定资产投资与劳动力供给

时期	固定资产投资 年均实际增长率(%)	劳动力年均 增长率(%)	两者比值
1980~1990 年	9.9	4.3	2.3
1991~2000 年	15.6	1.3	12.0
2001~2010 年	20.9	0.6	34.8
2011~2019 年	7.8	0.06	130.0

　　注：固定资产投资价格指数的统计从 1990 年才开始，故此处以 1978 年商品零售价格指数为
基期，计算了剔除价格因素后的固定资产增长率。劳动力统计使用的是经济活动人口的数据。经
济活动人口是所有年龄在 16 岁及以上提供劳动力供给的人口，是就业人口和失业人口的总和。

　　资料来源：历年《中国统计年鉴》。

四、农业剩余转移形式更为隐蔽，城乡财产性收入差距急剧上升

进入中等收入阶段后，农业剩余的流出形式变得更加隐蔽和复杂。我国土地制度是农村土地归集体所有，城市土地归国家所有，政府出于公共利益征用土地，土地出让金基本划拨给地方所有，这属于预算外收入。这一土地政策拉大了农民相对收入的差距。土地出让金是从 1989 年开始征收的，当时中央与地方以四六分成。1994 年分税制改革后，地方财政收入的不足促使地方政府转向土地经营，也是在这一年土地出让金开始全部留归地方。1999～2020 年，全国土地出让收入总额约 57.43 万亿元，平均每年为 2.6 万亿元，这笔资金绝大多数归地方政府所有。从 1989 年开始，农民收入环比增速在多数年份低于城镇居民收入。

土地财政导致的一个结果是，农民以财产衡量的不平等程度加深。根据《中国民生发展报告（2016）》，在我国的家庭财产中，房产占据绝对主导地位，当不考虑住房负债时，房产占家庭财产的比例超过 80%，减去负债后，家庭净房产占家庭总财产的比例也高达 74.9%。受制于农村土地产权制度，农民的财产性收入难以大幅提升，还要在房价上升的背景下，为进城支付更高的成本，这也会进一步拉大农村居民与城镇居民间的不平等水平。据《中国民生发展报告（2015）》估算，我国家庭财产基尼系数从 1995 年的 0.45 扩大到 2012 年的 0.73。城乡间的财产性收入差距在我国进入中等收入阶段后也出现了上升。

第三节　不同收入阶段的农民相对收入变化

一、低收入阶段农民相对收入基本稳定

根据世界银行的标准，本书选取马达加斯加、尼泊尔、卢旺达、几内

亚和乌干达 5 个可以获得全面的连续数据的低收入国家，来观察低收入阶段的农民相对收入情况。从表 3-6 可以看到，这些国家的工业基础普遍薄弱，农业在国民经济中占有比较重要的地位。2000 年，除几内亚为 21.0% 外，其余 4 国的农业生产总值占比在 27%~39%。几内亚粮食不能自给，农业产值比例基本在 25% 以下。虽然农业产值占比一般不到 40%，但大量劳动力滞留在农业部门。尼泊尔直到 2019 年仍有约 2/3 的人口从事农业生产，是世界上最不发达国家之一。卢旺达也是落后的农牧业国家，从事农牧业的劳动力占全国劳动力总数的比例从 1999 年的 88.8% 减少至 2019 年的 62.3%，占比仍相当高。其他低收入国家情况类似，2019 年农业从业劳动力占全国劳动力总数的比例一般在 60%~73%。受人口过快增长和战乱、灾害等因素影响，很多低收入国家的粮食自给不足，乌干达、几内亚、卢旺达、马达加斯加、尼泊尔等国家都被联合国粮食及农业组织列入了低收入缺粮国，卢旺达年缺粮在 30% 左右。

由于经济极不发达，低收入国家的农业产值份额和就业份额变化不大，相应地，农业劳动相对收入也就比较稳定，一般在 25%~50%，但具体到每个国家来看，年度间变化并不大。例如，马达加斯加的农业劳动相对收入从 1999 年的 43.4% 下降至 2019 年 35.9%，21 年间减少 7.5 个百分点；尼泊尔的农业劳动相对收入降幅略大于马达加斯加，从 1999 年的 50.9% 降至 2019 年的 33.5%；卢旺达的农业劳动相对收入变动幅度最小，2019 年为 37.7%，与 1999 年的 35.6% 差异不大；几内亚的农业劳动相对收入先降后升，从 1999 年的 30% 降至 2006 年的 22.6%，后又缓慢升至 2016 年的 27.9%，2017~2019 年快速增长至接近 40%；乌干达的农业劳动相对收入基本介于 31%~50%，21 年间呈波动下降趋势。对低收入国家来说，粮食问题尚没有解决，就很难谈及发展的问题，这也是低收入国家农业就业占比较高、农业劳动相对收入总体较低的根本原因。

表 3-6　部分低收入国家农业劳动相对收入

项目	年份	马达加斯加	尼泊尔	卢旺达	几内亚	乌干达
人均 GNI（美元）	1999	471	—	335	—	513
	2000	479	—	342	—	506

续表

项目	年份	马达加斯加	尼泊尔	卢旺达	几内亚	乌干达
人均 GNI（美元）	2001	493	582	357	—	509
	2002	419	571	395	—	541
	2003	446	585	396	—	559
	2004	457	603	419	—	575
	2005	462	620	452	—	591
	2006	472	636	483	649	637
	2007	492	651	509	678	673
	2008	510	683	550	688	709
	2009	475	710	569	658	738
	2010	463	737	594	682	755
	2011	458	760	626	698	801
	2012	452	797	660	726	801
	2013	449	827	672	713	803
	2014	455	884	692	734	815
	2015	452	914	737	757	831
	2016	456	909	754	816	837
	2017	466	975	760	887	832
	2018	466	1029	801	888	847
	2019	472	1082	856	898	875
	2020	—	1041	816	950	879
农业生产总值占比（%）	1999	33.3	38.7	31.6	21.5	34.8
	2000	30.9	38.2	31.2	21.0	27.5
	2001	29.9	35.2	31.8	21.7	27.9
	2002	34.1	36.2	30.2	21.6	23.4
	2003	32.0	35.1	33.1	20.8	24.5
	2004	31.4	34.7	33.9	23.3	21.7

续表

项目	年份	马达加斯加	尼泊尔	卢旺达	几内亚	乌干达
农业生产总值占比（%）	2005	30.8	33.8	33.8	22.3	25.1
	2006	30.2	32.4	30.0	15.6	24.0
	2007	28.1	31.2	26.1	16.8	22.3
	2008	27.1	30.3	24.8	16.0	21.4
	2009	30.5	31.3	25.4	16.4	34.1
	2010	29.1	33.2	24.3	17.5	32.3
	2011	29.1	30.7	23.9	16.1	28.7
	2012	28.0	30.1	24.8	16.8	26.9
	2013	26.5	28.6	24.9	17.5	26.0
	2014	25.8	27.5	24.7	17.5	24.9
	2015	25.7	26.5	24.0	18.5	23.5
	2016	25.1	25.2	25.2	17.6	22.7
	2017	24.6	23.7	26.3	20.5	23.5
	2018	24.0	22.3	24.6	22.3	23.3
	2019	23.0	21.6	23.5	24.2	22.9
农业就业占比（%）	1999	76.7	76.1	88.8	71.7	70.2
	2000	77.0	75.3	88.6	71.4	70.0
	2001	77.5	74.6	88.2	71.0	69.6
	2002	78.1	74.2	87.7	70.5	69.1
	2003	78.0	73.6	87.0	70.1	68.7
	2004	80.3	73.1	86.1	69.7	68.5
	2005	82.0	72.6	85.2	69.3	68.3
	2006	80.4	72.2	84.1	68.9	67.9
	2007	78.8	71.8	83.1	68.3	67.6
	2008	76.9	71.1	81.9	67.8	67.3
	2009	75.3	70.6	80.7	67.6	67.1

项目	年份	马达加斯加	尼泊尔	卢旺达	几内亚	乌干达
农业就业 占比 （%）	2010	73.4	70.0	79.5	67.0	66.8
	2011	71.2	69.5	78.1	66.4	66.5
	2012	68.9	68.9	76.6	65.7	66.1
	2013	68.0	68.2	72.9	65.1	72.0
	2014	67.2	67.5	68.5	64.6	72.4
	2015	66.5	66.9	67.0	64.0	72.3
	2016	65.8	66.7	65.8	63.0	72.4
	2017	65.3	65.8	64.7	62.0	72.7
	2018	64.7	65.1	63.4	61.3	72.5
	2019	64.1	64.4	62.3	60.7	72.1
农业劳动 相对收入 （%）	1999	43.4	50.9	35.6	30.0	49.6
	2000	40.1	50.7	35.2	29.4	39.3
	2001	38.6	47.2	36.1	30.6	40.1
	2002	43.7	48.8	34.4	30.6	33.9
	2003	41.0	47.7	38.0	29.7	35.7
	2004	39.1	47.5	39.4	33.4	31.7
	2005	37.6	46.6	39.7	32.2	36.7
	2006	37.6	44.9	35.7	22.6	35.3
	2007	35.7	43.5	31.4	24.6	33.0
	2008	35.2	42.6	30.3	23.6	31.8
	2009	40.5	44.3	31.5	24.3	50.8
	2010	39.6	47.4	30.6	26.1	48.4
	2011	40.9	44.2	30.6	24.2	43.2
	2012	40.6	43.7	32.4	25.6	40.7
	2013	39.0	41.9	34.2	26.9	36.1
	2014	38.4	40.7	36.1	27.1	34.4

续表

项目	年份	马达加斯加	尼泊尔	卢旺达	几内亚	乌干达
农业劳动相对收入（%）	2015	38.6	39.6	35.8	28.9	32.5
	2016	38.1	37.8	38.3	27.9	31.4
	2017	37.7	36.0	40.6	33.1	32.3
	2018	37.1	34.3	38.8	36.4	32.1
	2019	35.9	33.5	37.7	39.9	31.8

注：人均 GNI 数据为 2015 年不变美元价。
资料来源：世界银行。

二、中等收入阶段农民相对收入普遍下降

在中等收入阶段，农业劳动相对收入停滞或下降是普遍性的。根据世界银行发布的可比数据（见表 3-7），1990~2019 年，中等收入国家农业生产总值占比呈现出持续减少的趋势，年均下降 3.2%，而农业就业的降速显著较慢，年均减少 2.0%，正是因为中等收入国家农业就业份额的收缩速度明显慢于农业产值份额，从而导致农业劳动力人均收入与全部劳动力人均收入相比，普遍下降或停滞不前。2019 年中等收入国家的平均农业劳动相对收入为 28%，较 1990 年下降了约 12 个百分点，年均减少 1.2 个百分点。从中国、埃及、巴基斯坦、菲律宾、泰国 5 个处于中等收入阶段的典型国家来看，除了巴基斯坦的农业劳动相对收入在 1975~2019 年略有增加（年均增加 0.2%）外，其余 4 国的农业劳动相对收入在 1975~2019 年均是下降的，泰国的降幅最大，年均降幅-1%（见表 3-8）。

表 3-7　中等收入国家农业劳动相对收入变化

年份	人均 GNI（美元）	农业生产总值占比（%）	农业就业占比（%）	农业劳动相对收入(%)
1990	862.9	20.8	52.1	39.9
2000	1276.4	12.7	46.7	27.2

续表

年份	人均 GNI （美元）	农业生产总值占比 （%）	农业就业占比 （%）	农业劳动 相对收入（%）
2010	4753.4	9.5	37.5	25.3
2019	5522.6	8.2	29.3	28.0
年均变化(%)	6.6	−3.2	−2.0	−1.2

资料来源：世界银行发布的可比数据。

表 3-8　部分中等收入国家农业劳动相对收入变化

项目	时间	中国	埃及	巴基斯坦	菲律宾	泰国
人均 GNI(美元)	1975 年	200	330	160	430	380
	2019 年	10310	2690	1410	3850	7260
	年均变化	9.4%	4.9%	5.1%	5.1%	6.9%
农业生产总值占比 （%）	1975 年	32	27.7	30.2	26.9	26.9
	2019 年	7.1	11.0	22.0	8.8	8.1
	年均变化	−3.4%	−2.1%	−0.7%	−2.5%	−2.7%
农业就业占比(%)	1975 年	77.2	49.0	54.8	54.0	66.6
	2019 年	25.3	20.6	36.9	22.9	31.4
	年均变化	−2.5%	−2.0%	−0.9%	−1.9%	−1.7%
农业劳动相对收入(%)	1975 年	41.5	56.5	55.1	49.8	40.4
	2019 年	28.1	53.4	59.6	38.4	25.8
	年均变化	−0.8%	−0.1%	0.2%	−0.6%	−1.0%

注：人均 GNI 为当前美元价。

资料来源：世界银行发布的可比数据。

　　不仅是现在处于中等收入阶段的国家出现了农民相对收入的变化，美国、日本等跨越了中等收入阶段的发达国家也都曾在中等收入阶段出现过农民收入变化的现象。世界银行对收入阶段的划分是从 1987 年开始的，当时有些国家或地区已经处于中上或高收入阶段，显然这一时间序列对判断一个经济体进入中等收入阶段或高收入阶段的时间是不够的。Felipe 等

（2015）利用 Maddison 数据与世界银行数据进行对接并重新确定了收入门槛，估算出每个国家或地区进入中等收入和高收入阶段的时间。据此估算结果，1860 年美国就步入了中等收入阶段。1870 年美国农业劳动力占当时劳动力总数的 51.5%，1910 年下降到仅占 32.5%（Kuznets 和 Thomas，1984）。农业劳动力就业份额的下降为农产品价格的提升和农民相对收入的提高奠定了基础。1897~1910 年，美国农产品价格保持了平稳增长，并且价格的上涨幅度也远超非农产品（李赓，2016）。但第一次世界大战后随着欧洲国家农业生产迅速恢复，美国农产品的外部需求急剧萎缩，农产品大量过剩，价格下跌，农民收入状况出现恶化。1923 年美国农场主的收入下降到 1918 年的 1/3。1929~1933 年的经济大危机又使美国农业遭受重创，农场主的现金收入和农场纯收入分别下降了 58% 和 67%（王洪会和何彦林，2011）。这一时期美国农业劳动力约占劳动力总数的 1/4，农场主们开始呼吁政府干预农业，此时参议院议员麦克纳里和霍根提出了一个名叫"农业平等计划"的法案，在 1924~1928 年每年都提交到国会，虽然议案最后都没有被通过，或通过后被总统否决，但这为后期的农业干预政策出台打下了基础。

据 Felipe 等（2015）的估算，日本进入中等收入阶段的时间大约是在 20 世纪 30 年代。与低收入阶段时期相比，当时的日本农民收入状况已经出现了恶化。1930 年日本农户收入与非农户收入的比值下降到了 32%。二战后初期，为了重振经济，日本政府大力发展重化工业，农业虽然也有较快发展，但由于工农业生产方式及产品需求的差异，农业劳动力的收入增长速度远低于工业部门。20 世纪 50 年代，城乡差距的扩大成为当时日本严重的社会问题，1957~1959 年，农业生产者收入只占制造业工人收入的 63.6%。城乡差距问题引起了农民和社会舆论的不满。日本农户与城市家庭间的收入和消费水平差距问题，成为当时日本《农业基本法》出台的重要条件。

三、高收入阶段农民相对收入趋于改善

与中等收入阶段国家不同，进入高收入阶段的国家，其农业就业份额

收缩的速度普遍快于农业产值份额，从而农业劳动相对收入呈上升态势。根据世界银行发布的可比数据，2000~2019年，高收入国家农业就业份额以2.7%的年均速度下降，而农业生产总值份额仅年均递减2.1%，从而使得农业劳动相对收入以0.6%的年均速度上升（见表3-9）。从几个主要高收入国家的农业劳动相对收入变化来看（见表3-10），仅有美国和韩国的农业劳动相对收入在2000~2019年是下降的，日本和英国的农业相对收入在2000~2019年保持不变，而荷兰、法国、澳大利亚、加拿大的农业相对收入均实现了增长，其中澳大利亚实现了年均1.3%的增长、加拿大的农业劳动相对收入年均增长2.2%。

美国在大约20世纪60年代进入高收入阶段，当时美国农户平均收入与一般家庭平均收入的比值在65%，随着美国农民收入补贴政策的实施，1965年这一比例已上升至82.3%，1985年之后，则基本保持在100%以上。从美国农民收入的变化来看，步入高收入阶段后农民收入状况得到了稳步改善，并且与普通家庭相比，农户家庭在收入上占有更大的优势。日本的情况也与美国类似。日本约在1977年进入高收入阶段，虽然从农业劳动相对收入的数值来看，2019年日本农业劳动相对收入较低，与同处东亚地区的中国与韩国差不多，并且也呈现出下降趋势，但年均降幅远低于中国和韩国，这主要是由于日本农业的兼业特征明显，农户收入中来自农业部分的比例很低，所以当以家庭收入比较时，日本农户的家庭收入从20世纪70年代开始就已经非常接近非农户家庭了，1980年农户家庭收入是非农户家庭收入的1.16倍（见表3-11）。

表 3-9　高收入国家农业劳动相对收入变化

年份	人均GNI（美元）	农业生产总值占比（%）	农业就业占比（%）	农业劳动相对收入（%）
2000	25892.6	1.8	4.7	38.3
2010	41015.0	1.3	3.4	38.2
2019	46162.9	1.2	2.8	42.9
年均变化(%)	3.1	-2.1	-2.7	0.6

注：人均GNI数据为当前美元价。

资料来源：世界银行发布的可比数据。

表 3-10 部分高收入国家农业劳动相对收入变化

项目	时间	美国	日本	英国	韩国	法国	荷兰	澳大利亚	加拿大
人均 GNI （美元）	2000 年	35960	36210	29280	11030	24970	28810	21130	22620
	2019 年	65970	41570	43460	33860	42510	53180	54910	46460
	年均变化	3.2%	0.7%	2.1%	6.1%	2.8%	3.3%	5.2%	3.9%
农业生产 总值占比 （%）	2000 年	1.2	1.5	0.9	3.9	2.1	2.3	3.1	2.1
	2019 年	0.9	1.0	0.6	1.7	1.5	1.6	2.1	1.9
	年均变化	-1.5%	-2.1%	-2.1%	-4.3%	-1.8%	-1.9%	-2.0%	-0.5%
农业就业占比 （%）	2000 年	1.6	5.1	1.5	10.6	4.1	3.3	4.9	2.5
	2019 年	1.4	3.4	1	5.1	2.5	2.1	2.6	1.5
	年均变化	-0.7%	-2.1%	-2.1%	-3.8%	-2.6%	-2.4%	-3.3%	-2.7%
农业劳动 相对收入 （%）	2000 年	0.75	0.29	0.60	0.37	0.51	0.70	0.63	0.84
	2019 年	0.64	0.29	0.60	0.33	0.60	0.76	0.81	1.27
	年均变化	-0.8%	0	0	-0.6%	0.9%	0.4%	1.3%	2.2%

注：人均 GNI 为当前美元价。

资料来源：世界银行发布的可比数据。

表 3-11 日本农户与非农户相对收入

年份	人均实际 GDP （1990 年美元）	农业就业占比 （%）	农业生产 总值占比 （%）	农业劳动 相对收入 （%）	农户收入/ 非农户收入 （%）
1885	804	73	45	62	76
1890	956	71	48	68	87
1900	1110	68	39	57	52
1910	1226	65	32	49	47
1920	1590	54	30	56	48
1930	1732	50	18	36	32
1935	1992	47	18	38	38
1955	2648	39	21	54	77
1960	3815	32	13	41	70

续表

年份	人均实际GDP (1990年美元)	农业就业占比 (%)	农业生产 总值占比 (%)	农业劳动 相对收入 (%)	农户收入/ 非农户收入 (%)
1970	9285	20	6	30	94
1980	12730	11	4	36	116
1990	17841	7	3	43	121
1995	18866	5	2	40	108

注：农业劳动相对收入数据一列是根据第三、第四列数据计算得到，仅作参考。

资料来源：速水佑次郎，神门善久. 农业经济论(新版)[M]. 沈金虎，等译. 北京：中国农业出版社，2003.

第四节　对中国农民相对收入变化的猜想

通过对比低收入阶段、中等收入阶段和高收入阶段的农业份额及农业劳动相对收入的变化发现，农民相对收入大致呈现了一种"U形"变化的曲线。在低收入阶段，经济发展水平比较低，经济状态还停留在低水平均衡的传统社会中，此时的经济社会结构简单，矛盾也相对不突出（吴振宇和何建武，2018）。没有解决温饱的国家此时也没有太多精力去发展经济，它们的农业就业比例、产值比例都比较稳定，带来的结果就是农民的相对收入也基本稳定。在高收入阶段，社会成熟度提高，财富存量大，政府应对经济变化、社会冲突的资源丰富，制度也已经逐渐健全，居民生活处于相对稳定的状态，收入差距被政府的再分配政策所平衡，农民的相对收入状况有了明显改观。反而是处于中等收入阶段的国家，经济的二元程度最深，一方面存在大量资本集约型、技术密集型的现代产业，另一方面有众多劳动密集型的传统产业，两者的劳动生产率和工资水平差异很大。当进入中等收入阶段后，农业就业份额的收缩速度明显慢于农业产值份额，农民作为劳动密集型产业的从业者，在这一阶段收入处于相对变化的状态。当恶化到一定程度时，农民的收入状况有了改善的需求和改善的条件，这时整个国家的收入水平一般已经处于或接近于中等偏上收入阶段。

在中等收入阶段特别是中下收入阶段，我国农民的相对收入也出现了下降现象，总体来看，这是国家工业化战略、资本深化及各种特有制度共同作用的结果。

在改革开放之前，工业化道路的选择对我国农民收入状况起到了决定性作用。欧美国家的工业化模式是分散的、自发的，一般以市场经济制度为基础，由发展劳动密集型轻工业开始，逐渐到资本密集型重工业，并且这一工业化的过程大多经历了长达一个多世纪的时间。后起国家的工业化道路则多是日韩模式或苏联模式，我国可以说是结合了两者。一方面，我国后期借鉴了日韩模式中以市场经济为基础的特点；另一方面，我国又与苏联一样，在工业化的过程中有着较强的时间约束和制度约束，这在工业化初期表现得尤为明显。中华人民共和国成立初期，面对国内外安全形势，我国必须尽快实现工业化。在内忧外患的背景下，苏联是当时我国唯一可学习的对象，以及重要的技术支撑来源。因此，当时我国选择了与苏联一样的重工业优先发展战略。这让我国直接迈过了轻工业阶段，但重工业是脱离城乡需求自成体系、自我循环的系统，并且对农业和轻工业形成了挤压。

重工业优先发展的战略使得我国工业产值所占份额迅速上升，1952~1978年，我国工业份额就上升了26.7个百分点，与发达国家相比，这一速度是惊人的。英国、德国、意大利、美国、加拿大这些国家都用了半个世纪到一个世纪的时间才完成了经济结构的转换，我国则仅用了二十多年的时间（见表3-12）。在这26年的时间内，农业份额下降了22.4个百分点。虽然农业产值份额下降了，但重工业本身资本、技术密集型的特点决定了它对非技术型劳动者的吸纳能力有限，这也就延迟了就业结构转换和城市化的进程。为了将资源集中于重工业发展，我国确立了一套集中配置资源的计划经济体制，从经济上转移了农业资本资源。与发达国家不同的产业发展次序是造成我国农民相对收入较低的主要原因。以多种方式从农业部门吸取资源来发展工业，事实上已经超过了农业剩余的界限，损害了农业的自我发展能力(马晓河, 2004)。

表 3-12　先行工业化国家与中国经济结构变动速度的比较

国别	时期	时间跨度(年)	农业份额降幅(%)	工业份额升幅(%)
英国	1801～1907 年	106	27.7	16.8
德国	1850～1938 年	88	27.3	27.3
意大利	1861～1952 年	91	31.6	23.1
美国	1839～1889 年	50	26.7	18.3
加拿大	1870～1920 年	50	20.8	20.8
中国	1952～1978 年	26	22.4	26.7

资料来源：马晓河. 结构转换与农业发展[M]. 北京：商务印书馆, 2004.

　　改革开放之后，我国逐渐放弃了重工业发展的道路，但城市和工业偏向型的政策并没有实质改变，这对我国农民收入产生了一定的影响。此外，"资本深化"过程的加速进行也变相降低了社会对劳动力的需求，增加了农业剩余劳动力向外转移的难度，加剧了农民相对收入的下降。

　　虽然我国农民的相对收入在进入中等收入阶段后出现了下降的趋势，但我们也看到了，在步入中等偏上收入阶段后，也就是从 2010 年开始，我国农民收入环比增速又开始连续高于城镇居民，可以说，农民收入状况出现了好转的迹象。发达国家或地区从中下收入阶段到中上收入阶段所需时间较长，差不多在 20～100 年，从中上收入阶段到高收入阶段需要几年到几十年不等，但远远小于中下收入阶段到中上收入阶段所需时间。与现有的发达国家和地区比较，我国在中下收入阶段的停留时间是最短的，因此，我国也应当有信心，我们有可能通过相对较短的时间进入高收入国家行列，农民收入的改善也就更加有条件和实现的可能。

第四章
中等收入阶段农民收入变化机理

第一节　基于要素流动的理论分析

一、基本假设

本章重点关注的是劳动力要素的收入份额，下面先从劳动力要素收入（功能收入分配）的视角来分析一下要素流动与收入差距的关系。

劳动力就业和工资决定制度是分析劳动力要素流动与部门间收入差距的基本条件，也是理论模型的假定前提。下面参考陈美衍（2006）、李实（1997）等对收入差距和劳动力流动模型的分析，构建劳动力要素流动与部门收入差距的理论模型。假设一国经济处于封闭条件下，没有劳动力的跨国流动，劳动力市场中存在两个部门，工业部门和农业部门，有技术型和非技术型两类劳动者。技术型劳动者需要受过专门教育和训练，拥有相对较高的人力资本；非技术型劳动者基本不需要专业训练，或者只需要经过简单训练就可以从事相关生产活动。农业部门需要技术型和非技术型劳动者，分别以L_{AT}和L_{AN}表示，但以吸纳非技术型劳动者为主，农业部门为低技术部门 A；工业部门需要技术型、非技术型两部分劳动者，分别以L_{BT}和L_{BN}表示，但以技术型劳动者为主，工业部门为高技术部门 B。即便在完全竞争的市场环境下，由于两部门所需人力资本的差异，劳动力市场仍然被分割为两部分，这两个部门的劳动力工资由各自的劳动力供求状况决定。

为了简化分析，此处不考虑资本等其他要素。以$f_1(L_T)$表示技术型劳动者的生产函数，$f_2(L_N)$表示非技术型劳动者的生产函数。同等投入条件下，技术型劳动者相比非技术型劳动者有更高的产量和边际生产率，所以，$f_1(L_T)>f_2(L_N)$，$f_1'(L_T)>f_2'(L_N)$。假定在短期内，非技术型劳动者对技术型劳动者难以替代，即替代率为0，两者的生产函数是可分的，用$f(L_T, L_N)$表示。

$$f(L_T, L_N)=(1+P)f_1(L_T)+(1-P)f_2(L_N) \qquad (4-1)$$

其中，P代表技术型劳动者与非技术型劳动者对现实生产贡献度的变化程度。随着经济市场化程度提高，企业的自由度和机会增加，市场的不确定性增加，相应的风险也提高，为了适时调整经营策略和发展战略，企业更加依赖企业家和技术型劳动者的贡献，技术型劳动者的重要性提高，非技术型劳动者的贡献度相对下降。因此，P也可以理解为对市场化程度的一种度量，当P=0时，式(4-1)代表计划经济时期的企业生产函数，在市场经济条件下，P恒大于0。

在同等投入条件下，技术型劳动者比非技术型劳动者能带来更高的产量，因此假定雇主会给予技术型劳动者更高的工资，$W_1(L_T)$和$W_2(L_N)$分别表示技术型劳动者和非技术型劳动者的工资函数。

雇主的利润最大化问题可以表述为式(4-2)，即求函数G的最大值：

$$MaxG(L_T, L_N)=(1+P)f_1(L_T)+(1-P)f_2(L_N)-W_1(L_T)-W_2(L_N)$$

$$(4-2)$$

二、不同类型劳动者的工资差异

为了简化分析，先以工业部门中技术型劳动者和非技术型劳动者的工资变化来说明同一部门内技术型劳动者和非技术型劳动者的收入差距如何变化。

(一)短期内收入差距的变化

当P=0时，即计划经济条件下，满足利润最大化的一阶条件为$f_{1B}'(L_{BT})=W_{1B}'(L_{BT})$，$f_{2B}'(L_{BN})=W_{2B}'(L_{BN})$，此时对技术型劳动者的雇佣量

为L_{BT1}（E_1点），对非技术型劳动者的雇佣量为L_{BN1}（F_1点），如图 4-1 所示。$f'_{1B}(L_{BT})$和$f'_{2B}(L_{BN})$表示在其他生产要素投入不变条件下劳动的边际产出变化，根据边际生产力递减规律，可知其是一条向下倾斜的曲线。边际工资$W'_{1B}(L_{BT})$和$W'_{2B}(L_{BN})$的变化同理。

当 P>0 时，即市场经济条件下，满足利润最大化的一阶条件为$(1+P)f'_{1B}(L_{BT})=W'_{1B}(L_{BT})$，$(1-P)f'_{2B}(L_{BN})=W'_{2B}(L_{BN})$。$f'_{1B}(L_{BT})$曲线向右移至曲线$(1+P)f'_{1B}(L_{BT})$，与$W'_{1B}(L_{BT})$相交于$E_2$点，此时对技术型劳动者的雇佣量增加至$L_{BT2}$。但对非技术型劳动者的雇佣量呈下降状态，由图 4-1（b）中的均衡点F_1移到F_2，对非技术型劳动者的雇佣量由L_{BN1}减少至L_{BN2}。这说明，短期内市场对技术型劳动者的需求增加，非技术型劳动者则处于一种相对过剩的状态，这种供需变化会导致两者收入差距的扩大。

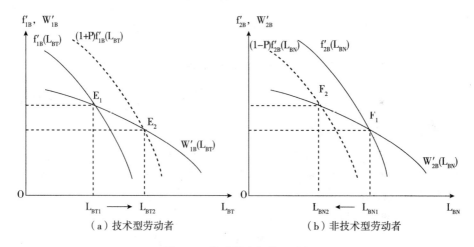

图 4-1　劳动需求与收入差距

这一变化也可用图 4-2 的劳动力供给需求曲线来表示。横轴代表劳动力数量L_B，纵轴代表工资率W_B。D_{BT1}为劳动力市场对技术型劳动者的需求曲线，也是对应的劳动力的边际生产率LMP_{BT1}，S_{BT}为技术型劳动者的供给曲线，需求曲线与供给曲线的交叉点M_1为均衡点，均衡时的技术型劳动者的就业量为L_{BT1}、工资率为W_{BT1}。D_{BN1}为劳动力市场对非技术型劳动者的需求曲线，S_{BN1}为非技术型劳动者的供给曲线，均衡点为Q_1，非技术型劳动者的就业量为L_{BN1}、工资率为W_{BN1}。技术型劳动者与非技术型劳动者的工资差距为（$W_{BT1}-W_{BN1}$）。

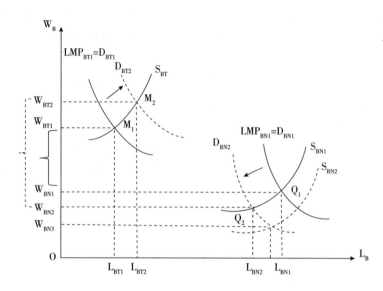

图 4-2　短期内工业部门技术型劳动者与非技术型劳动者的工资差距

与图 4-1 对应，当市场对技术型劳动者的需求上升，即劳动力需求曲线由 D_{BT1} 向右移动到 D_{BT2} 时，技术型劳动者的就业量由 L_{BT1} 增加到 L_{BT2}，工资率由 W_{BT1} 上升至 W_{BT2}。市场对非技术型劳动者的需求下降，劳动力需求曲线由 D_{BN1} 向左移动到 D_{BN2}，均衡点由 Q_1 变为 Q_2，非技术型劳动者的就业量下降至 L_{BN2}、工资率减少到 W_{BN2}，非技术型劳动者与技术型劳动者的工资水平差距进一步拉大，变为（$W_{BT2}-W_{BN2}$）。

因此，在不考虑农业和工业部门间劳动力流动的情况下，在短期内工业部门非技术型劳动者对技术型劳动者替代率为 0 的假定下，工业部门内两类劳动者的收入差距扩大，其中，技术型劳动者收入提高，非技术型劳动者收入下降。如果考虑要素流动，农业部门的非技术型劳动者会在工业部门非技术型劳动者高工资的吸引下流入工业部门就业，从而进一步拉低工业部门非技术型劳动者的工资水平，使其降至 W_{BN3}。此时工业部门中技术型和非技术型劳动者的工资差距进一步拉大至（$W_{BT2}-W_{BN3}$）。

农业部门的工资变化与工业部门相似，农业技术型劳动者和非技术型劳动者的工资差距也会在市场条件下进一步扩大，在此不再重复。

（二）长期内收入差距的变化

以上讨论的是计划经济体制向市场经济体制转型短期内不同劳动者的收入差距变化，现在讨论一下长期内的收入差距走势。

长期来看，f_1和f_2函数是可变的，不同类型的要素流动障碍消除，非技术型劳动者可以通过教育、培训逐步转为技术型劳动者，不同部门技术型劳动者也会在市场需求下自动调节。这时技术型劳动者的工资会因非技术型劳动者的进入而逐渐失去优势，两者的工资差距将呈现缩小的趋势。这种变化将由市场和政府两种力量共同作用。下面分析整个市场中技术型劳动者和非技术型劳动者的收入变化。

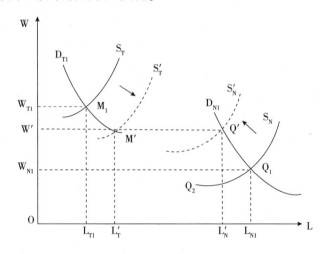

图4-3　长期内技术型劳动者与非技术型劳动者的工资差距

市场机制的作用如图4-3所示。在初始经济状态时，技术型劳动者与非技术型劳动者的工资差距为（$W_{T1}-W_{N1}$）。随着越来越多的非技术型劳动者变为技术型劳动者，劳动力市场上技术型劳动者的供给发生变化，供给曲线由S_T不断右移，非技术型劳动者的供给曲线由S_N不断左移，在极端情况下，两者有可能达到一致，即技术型劳动者的供给曲线右移至S_T'，非技术型劳动者的供给曲线左移至S_N'时，两者的工资率都为W'。当然，这是一种极端状态下技术型劳动者和非技术型劳动者的工资差距变化。因为我们前面已经假设技术型劳动者相比非技术型劳动者有更高的产量和边际生产率，所以这种极端情况不太可能出现，但两者的收入差距在长期内有缩小的趋势。

回到实际经济运行中可以发现，劳动力市场想随时增加技术型劳动者或减少非技术型劳动者的供给并不都是可能的，即便一个成熟的市场经济体，要随时改变技术型劳动者和非技术型劳动者的雇佣量都是有难度的。因此，要素异质性和流动的困难造成异质劳动力的收入差距难以消失。

出于解决行业收入差距过大带来的压力，政府更可能采取的措施是对技术型劳动者的相对高收入征收较高的税赋，以及对企业雇佣非技术型劳动者实行最低工资政策。但政府控制工资率的措施会造成劳动力配置上的偏差。如图 4-4 所示，假设政府对技术型劳动者的收入征税，税率为 t，此时技术型劳动者的实际工资相当于 $(W_{T1}-t)$，低于市场工资率，相当于降低了工资水平，在这一水平下，虽然企业对技术型劳动者的需求会增加，但市场上技术型劳动者的供给却因实际工资下降而减少，技术型劳动者的供给量减为 L_{TG}，这意味着技术型劳动者的就业量低于市场规则下的水平。技术型劳动者的工资总额由 $L_{T1} \cdot W_{T1}$ 减少至 $L_{TG} \cdot (W_{T1}-t)$，工资总额减少了 $[(L_{T1} \cdot W_{T1})-L_{TG} \cdot (W_{T1}-t)]$。假设政府对非技术型劳动者实行了最低工资制度，划定的最低工资水平为 $(W_{N1}+a)$，这对非技术型劳动力市场而言相当于提高了工资率，在这一工资水平下，非技术型劳动者的供给

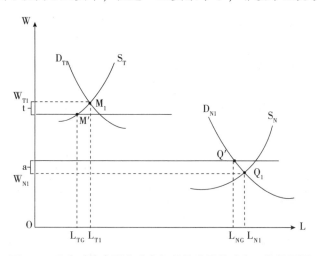

图 4-4 政府对技术型劳动者与非技术型劳动者工资的干预

量上升，但企业却因工资率提高而减少了对非技术型劳动者的雇佣，市场对非技术型劳动者的需求降为L_{NG}，非技术型劳动者的工资总额变为$L_{NG} \cdot (W_{N1}+a)$。与最初非技术型劳动者的工资总额$L_{N1} \cdot W_{N1}$相比，非技术型劳动者的工资总额的变化趋势并不明确，具体取决于最低工资水平的划定及市场对非技术型劳动者的需求量。

政府实施的调节政策会使得技术型劳动者的工资率低于市场水平，非技术型劳动者的工资率高于市场水平，技术型劳动者减少的工资额实际被用于支付非技术型劳动者高估的工资，这就是一个收入再分配的过程。但市场对技术型劳动者有很强的需求，对其低效率使用显然会降低技术型劳动者的积极性，也会降低非技术型劳动者转为技术型劳动者的期望，不利于整个社会的劳动力资源配置。因此，政府对技术型劳动者工资税率的确定，以及对非技术型劳动者最低工资水平的划定需要权衡各种经济、政治因素。

对转型期国家来说，还有一个需要注意的因素，即 P 的作用。前面分析时是假定 P 由 0 到 1 的顺利转轨，但实际这个过程极其复杂，既要求政府不断继续深化改革，尽快完善市场经济体制，同时要尽可能地减少转型期特有体制因素对收入分配的扭曲影响。在一个不健全的市场机制环境下，违背市场原则的各种制度约束会催生权利、财富的不平等，加剧机会的不平等，导致资源配置的无效率。总之，需要政府力量和科学政策相结合，才可能将收入差距控制在合理范围内。

三、不同部门同类型劳动者的工资差异

再来看同一类型劳动者在不同部门的收入差距如何变化。

(一) 短期内收入差距的变化

假设同类型劳动力在城市工业部门就业的工资率要明显高于其在农业部门，这种工资率差异促使劳动力由农村流向城市。农业部门的非技术型劳动者在工业部门高工资的吸引下，可以到工业部门从事非技术型工作，这类工作只需简单培训便可以完成，在不考虑其他因素的前提下，农业非

技术型劳动者流动到工业部门从事非技术型工作的渠道是顺畅的（见图4-5）。但由于技术型工作差异较大，因此，农业部门的技术型劳动者短期内到工业部门从事技术型工作是有难度的，已有的人力资本将下降，这种流动的可能性不大。

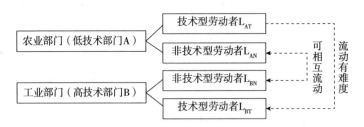

图4-5　短期内不同部门间的劳动者流动

在工业部门中，技术型劳动者数量有限，在其他劳动力（不管是非技术型还是农业技术型）短期内无法替代的情况下，工业技术型劳动者的收入上升趋势是一定的。工业部门非技术型劳动者收入因相对过剩出现收入下降，并且因农业部门非技术型劳动者流入，相对过剩状态加剧，收入进一步下降。

再看农业部门，农业部门技术型劳动者工资在市场条件下上升，农业非技术型劳动者会因市场对农业技术型劳动者的需求上升出现工资下降。但在考虑部门间要素流动时，工资变化变得复杂。农业非技术型劳动者在流入工业部门后，会降低农业部门非技术型劳动者的供给水平，从而又会提高农业非技术型劳动者的工资，但这种提高程度很有限。工业部门更加需要的是技术型劳动者，在技术型劳动者数量有限的前提下，非技术型劳动者增加所带来的边际收益呈现递减状态，直至边际收益为0。此时，工业部门的非技术型劳动者达到饱和状态，农业部门非技术型劳动者要想进入只能降低工资水平，直至两部门非技术型劳动者工资达到一致。

因此，总结短期内劳动者收入的变化可以看出，技术型劳动者的收入都有提升，非技术型劳动者的收入会因市场对技术型劳动者的需求上升而下降（见表4-1）。工业技术型劳动者和农业技术型劳动者的收入差距因行业差异会依然存在，但差距的变化趋势不明显。两部门的非技术型劳动者流动是双向的，这种流动直至两者的收入差距消失而停止。

表 4-1　短期内不同部门同类型劳动者的收入差距变化

短期	农业部门	工业部门	工农业相对收入差距
技术型劳动者	+	+	差距依然存在，实际差距变化趋势不明显
非技术型劳动者	−	−	差距消失

（二）长期内收入差距的变化

长期来看，不同类型的要素流动障碍消除，非技术型劳动者逐渐转为技术型劳动者，当然，这种转变部分是由非技术型劳动者通过培训、教育直接实现的，但更重要的是通过代际更迭来实现，即随着非技术型劳动者的自然减少和劳动者对教育的重视来提高技术型劳动者的比重。在要素流动障碍消失的前提下，不同部门同类型劳动者的收入将趋向一致，如图 4-6 所示。

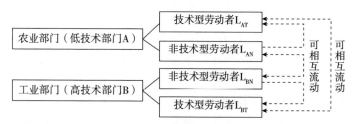

图 4-6　长期内不同部门间的劳动者流动

那为什么我们没有看到工农业部门间同类型劳动者的收入差距消失呢？这可能与我们忽视了部门份额的变化有关。

下面看一下从计划经济体制到市场经济体制转变过程中各部门利润的变化情况。

当 P=0 时，工业部门零利润均衡为：

$$f_{1B}(L_{BT})+f_{2B}(L_{BN})-W_{1B}(L_{BT})-W_{2B}(L_{BN})=0$$

农业部门零利润均衡为：

$$f_{1A}(L_{AT})+f_{2A}(L_{AN})-W_{1A}(L_{AT})-W_{2A}(L_{AN})=0$$

当 P>0 时，即经济由计划体制转向市场体制时：

$$(1+P)f_{1B}(L_{BT})+(1-P)f_{2B}(L_{BN})-W_{1B}(L_{BT})-W_{2B}(L_{BN})$$
$$=f_{1B}(L_{BT})+f_{2B}(L_{BN})-W_{1B}(L_{BT})-W_{2B}(L_{BN})+P[f_{1B}(L_{BT})-f_{2B}(L_{BN})]$$

$$= P\left[\,f_{1B}\left(L_{BT}\right) - f_{2B}\left(L_{BN}\right)\,\right] > 0 \tag{4-3}$$

这是因为对工业部门来说，以吸纳技术型劳动者为主，属于技术密集型产业，所以有$f_{1B}\left(L_{BT}\right) > f_{2B}\left(L_{BN}\right)$，即技术型劳动者带来的产量要大于非技术型劳动者，式(4-3)代表的利润大于0。

同理，农业部门以吸纳非技术型劳动者为主，有$f_{1A}\left(L_{AT}\right) < f_{2A}\left(L_{AN}\right)$。

$$(1+P)f_{1A}\left(L_{AT}\right) + (1-P)f_{2A}\left(L_{AN}\right) - W_{1A}\left(L_{AT}\right) - W_{2A}\left(L_{AN}\right) < 0 \tag{4-4}$$

可见，在市场经济条件下，技术型劳动者对部门利润起到重要作用，由于工业部门利润大于0、农业部门利润小于0，会出现工业部门扩张、农业部门收缩的情况。因此，在要素流动的同时，部门间的份额实际也在利润驱使下发生着变化。工业部门扩张、农业部门萎缩是经济发展的必然趋势，各国部门份额的变化都可以验证这一点。

那农业与工业最终会达到一种什么样的均衡状态呢？我们可以做个大胆假设。农业兼具生产、生态等多种功能，其中的生产功能才是与工业部门相对的功能。随着工业部门扩张，以及各部门对技术型劳动者需求的不断提升，技术型劳动者特别是工业部门中技术型劳动者的收入是很难下降的，因此工业部门技术型劳动者的收入一般会高于其他群体。但有一种可能的情形，随着农业部门萎缩，农业的生产功能逐渐被剥离出来，成为工业部门的一部分。此时的农业可以视作工业的生产车间，成为维持劳动力基本生存需要和工业原料的提供部门。从事农业的劳动者也不再被视作农民，而是算作工业部门的工人。那时农业部门与工业部门同类型劳动者的收入就变为一个部门内部的问题，工农业的二元结构状态趋于消失。

第二节　基于要素特性与农产品市场的分析

一、劳动力要素的特殊性

从理论上看，资本、技术、土地、劳动力等要素在市场经济条件下都可以自由转移，但实际上这几类要素的转移难度是不同的。其中，资本是相对容易实现转移的要素，资本的逐利性驱使资本流向边际要素报酬更高的行业，除非人为设置转移障碍，资本的转移基本是顺畅的。技术转移有适应性的问题，特别是农业技术，一项新的技术经常需要结合技术应用主体和客体的特征进行调整，虽然调整需要时间，但技术转移多数是可实现和可复制的。土地的转移有一定难度，因为土地是不可移动的，但当土地流转市场完备时，可通过置换、买卖等方式实现土地要素的流转。劳动力的转移虽然从空间上较容易实现，但在前文的分析中也提到了，非技术型劳动者到技术型劳动者的转型需要时间，劳动力就业需求结构与供给结构的调整很难同步。

从现有劳动力的转移形式来看，农民到城市就业的转移方式大致可归为两栖式转移和永久性转移（唐茂华，2006）。两栖式转移是从就业者一年内就业时间的分配来界定的，表现为农民一年中有部分时间到城市非农业部门就业，农忙时节则返回农村就业。其中，阶段型转移或常年型转移主要是从劳动者本身就业年限内的不同阶段来界定的，表现为常年或多年在城市非农业部门就业，然后再返回农村从事农业及相关工作。不管哪一种，这两种形式的劳动者从事的多数是城市非农业部门中简单的非技术型工作，因此这种转移都不是永久性的，也不能算作真正的劳动力转移，如图4-7所示。

图4-7　劳动力转移的方式

劳动力的永久性转移依赖于劳动者能够获得稳定的、较高的工资收入，以及在城市长期的生活能力。这些条件的获得有两条路径：一是通过劳动力自身的代内转移实现。这依赖于劳动者通过人力资本的提高获取进入城市非农业部门技术型工作的"入场券"。但非技术型劳动者向技术型劳动者的转移需要经历教育、培训等过程。一般来说，让农民从事非农业的简单体力劳动可以，但若想将教育水平较低的农民变成技术工人却不是依靠培训就一定能实现的。劳动力要素本身的异质性造成的收入差距不管在短期还是长期内都是很难消除的。除了人力资本提升难度高以外，农业劳动力向非农产业的转移往往还取决于家庭决策，而非农民个人的事情。农民不得不权衡到城市工作、生活的成本、收益和风险，以及转移对家庭后代的长远影响。二是通过劳动力的代际转移实现。与劳动力的代内转移相比，劳动力的代际转移是一条更为务实、可行的路径。所谓代际转移，即农民虽然不能从农业农村中永久转移出来，而新增劳动力即其下一代却实现了向城市非农就业部门的永久性转移。这一转移的难度要小于将非技术型劳动者农民直接培训成技术型劳动者，但转移需要的时间更长，这一时间跨度少则几十年，长则上百年。

中等收入阶段的时间跨度尚不足以让农业劳动力全部或大部分转移到非农产业，因此，农民相对收入的提高主要依赖于这一阶段农业劳动力的转移速度。在农业产值份额大幅下滑的同时，农业劳动力如果不能顺利转移，农民相对收入的恶化就在情理之中。因此，中等收入阶段农民收入出现相对变化的现象主要不是因为农业产值份额下降速度快，而是因为农业劳动力转移需要的时间更长。我们所看到的高收入阶段国家和地区农业劳动相对收入较高、农业劳动力占比较低的现实，很可能是因为这些国家和地区在中等收入阶段还没有完成劳动力代际转移，而进入高收入阶段后随着原有劳动者的自然消亡，正好表现出农业劳动力占比下降到很低水平的一种结果。从表4-2给出的部分国家或地区在中等收入阶段的停留时间可以看到，从中下收入阶段到中上收入阶段所需时间较长，差不多在20~100年，中上收入阶段到高收入阶段需要几年到几十年不等，但远远小于中下收入阶段到中上收入阶段所需时间。这种时间跨度的差别一方面是经济本身进入良性循环的表现，另一方面则与劳动力代际转移有很大关系。劳动力转移的这种代际变化与一代劳动者的自然消失是相伴的，一旦出现，很可能是断崖式或者非常迅速的变化。在这种代际转移效应显现之前，我们所观察到的中等收入阶段农民的相对收入状况很可能就是恶化的。

表 4-2　部分国家(地区)中等收入阶段停留时间

国家 (地区)	进入中下 收入阶段 年份	进入中上 收入阶段 年份	进入 高收入 阶段年份	中下到中上 收入阶段 所需时间 (年)	中上到 高收入阶段 所需时间 (年)	中等收入 阶段停留 时间 (年)
澳大利亚	1851	1950	1970	99	20	119
加拿大	1881	1950	1969	69	19	88
法国	1874	1960	1971	86	11	97
德国	1874	1960	1973	86	13	99
意大利	1906	1963	1978	57	15	72
日本	1933	1968	1977	35	9	44
美国	1860	1941	1962	81	21	102
中国香港	1950	1976	1983	26	7	33
韩国	1969	1988	1995	19	7	26
新加坡	1950	1978	1988	28	10	38
中国台湾	1967	1986	1993	19	7	26
阿根廷	1890	1970	2011	80	41	121
中国大陆 (内地)	1992	2009	—	17	—	—

注：Felipe 等(2015)计算的中国大陆(内地)进入中下收入阶段的时间起点是 1992 年，进入中上收入阶段的时间是在 2009 年，而按照世界银行标准，中国 1998 年进入中下收入阶段国家序列(不包含港澳台地区)，2009 年进入中上收入阶段。这是因为 Felipe 等(2015)重新估算了收入门槛。世界银行对收入阶段的划分是从 1987 年开始的，当时有些国家或地区已经属于中上或高收入国家或地区，显然这一时间序列对判断一个经济体在中等收入阶段的停留时间是不够的。Felipe 等(2015)利用 Maddison 数据与世界银行数据进行对接并重新确定了收入门槛，估算出每个国家和地区在中等收入阶段的停留时间。

资料来源：根据 Felipe 等(2015)的计算结果整理。

二、农产品市场供需变化

除了劳动力要素的特殊性，农产品本身的特殊性也在影响不同收入阶段的农民相对收入变化。速水佑次郎和神门善久对不同收入阶段国家面临的农业问题的分析主要基于低收入和高收入国家展开，而没有解释中等收入阶段国家农民相对收入为什么会恶化。他对高收入发达国家农业调整问题解释的理论出发点是粮食需求弹性不足所致的农产品价格下跌和农民相对收入下降。此处借鉴速水佑次郎和神门善久分析的基本框架，对中等收入阶段农民相对收入恶化的原因进行扩展。

在不同的收入阶段，农产品的需求价格弹性是不同的。低收入阶段，需求价格弹性较高，即收入较低时，价格变化对农产品需求的影响很大，此时的农产品需求曲线较为平坦（见图4-8）。在不考虑质量的前提下，食物消费以人的胃的容量为限度，因此，在高收入阶段，人们对农产品价格变化很不敏感，农产品的需求价格弹性非常小，农产品需求曲线近乎垂直（见图4-9）。在中等收入阶段，农产品需求价格弹性可能介于这两者之间（见图4-10），由于基本解决了低收入阶段的粮食问题，中等收入阶段农产品价格弹性也已经变得比较低，人们对农产品"量"的需求逐渐转为对"质"的要求。

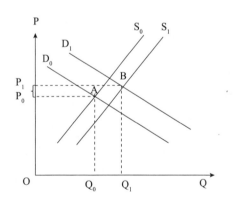

图4-8　低收入阶段的农产品市场

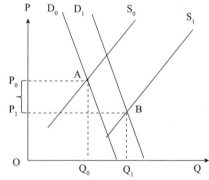

图4-9　高收入阶段的农产品市场

除了价格弹性，影响农民相对收入的还有需求和供给曲线的位移速度（暂不讨论供给曲线的斜率）。随着人口增加和收入增长，人们对农产品的需求总体是增加的，至于增加的幅度则不好确定，为了简化分析，此处不讨论需求曲线的位移速度，假设需求曲线位移速度一致。讨论的重点是供给曲线的位移。

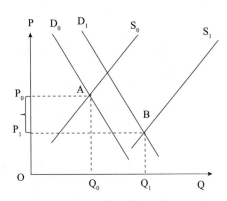

图4-10　中等收入阶段的农产品市场

在低收入阶段，农产品供给曲线受农业技术水平低的影响，供给位移的速度相对较慢，加之农产品需求曲线比较平坦，由此导致农产品价格由图4-8中的P_0上升到P_1。高收入国家的农业技术进步率明显快于低收入国家（速水佑次郎和神门善久，2003），所以在高收入阶段，供给曲线的位移速度较快，并且农产品需求曲线非常陡峭，导致农产品价格水平由图4-9中的P_0下降到P_1。

在中等收入阶段，农产品需求曲线的倾斜程度略弱于高收入阶段，但供给曲线向右位移的速度却要更快（见图4-10）。这主要有两方面原因：一方面，农业劳动力从农业向非农产业转移的速度不会太快，此时还有大量劳动力滞留在农业部门。另一方面，中等收入阶段的国家刚刚解决了低收入阶段的粮食问题，人们对饥饿的记忆还未消退，政府不敢对农业生产懈怠，并且随着收入水平提高、国力增强，政府对农业的投入力度还会加大（胡霞，2011）。因此，中等收入阶段国家农产品供给曲线的位移速度至少不会慢于高收入国家，由此造成的农产品价格下跌幅度可能会更大，这是农民收入相对变化的原因之一。至于具体的变化则依赖于供给、需求价格弹性值。

第三节　基于政府政策目标选择的分析

在不同的收入阶段，政府的农业政策目标不同，农业面临的问题也有差异，如图 4-11 所示。

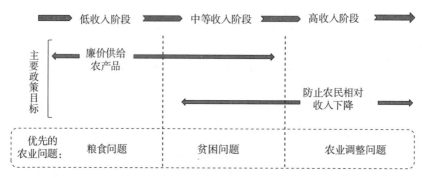

图 4-11　经济发展与农业问题的转换

资料来源：速水佑次郎，神门善久. 农业经济论(新版)［M］. 沈金虎，等译. 北京：中国农业出版社，2003.

根据速水佑次郎和神门善久的理论，低收入国家面临的是粮食问题，即在工业发展的初级阶段，农业生产赶不上人口和收入增加带来的粮食需求增长，粮食相对稀缺，价格上涨，这又进一步促使工资上升，从而制约工业化和国民经济发展。也可以说，对低收入国家而言，粮食问题是农业生产资源投入不足引起的问题。在低收入阶段，经济尚处于农业社会向工业社会的转型期，社会储蓄水平低，资本高度稀缺。为了支持工业发展，政府往往通过控制农产品价格、压低利率、控制汇率等手段，将农业部门的剩余转向工业部门。在优先保证工业的框架下，这一时期政府对农业的投资是不足的。

发达国家面临的则是"农业调整问题"。发达国家农业技术成熟，农业生产率提高，而粮食需求接近饱和，如果不减少农业投入，粮食供给就会过剩，从而使农产品价格下跌，农民收入减少。因农业生产资源投入过多引起的要素报酬下降，或者说是由部门之间产品供需增长速度上的差异引起的不平衡，以及需要通过生产要素在产业之间重新配置来予以解决的问题是发达国家普遍面临的问题。

中等收入国家面临的是介于低收入国家和高收入国家之间的贫困问题，而如何提供廉价农产品与如何防止农民收入相对减少这两个政策目标，在一定程度上是相互对立的，这也就增加了中等收入国家的政策制定难度。因此，收入问题对中等收入国家而言解决的难度系数要明显高于高收入国家，这从数据上也得到了验证。几乎所有的高收入国家在进入中等收入阶段之前都有保护现代工业的历史，当这些国家摆脱低收入、步入中等收入阶段时，工业保护政策的延续、二元状态的固化不会立刻消失。在这一阶段，农民所占的比重依然很高，政府也几乎不太可能以现代工业部门的税金收入去补助占人口比例依然较大的农民，即便农民在这时已经有了缩小收入差距的意识和要求，政府对农民收入的支持政策也只处于萌芽状态。

第四节　小结

不管是从要素流动的理论分析，还是具体到劳动力要素的自身特性，以及农产品市场供需变化，再到政府政策目标与干预手段等几个方面来看，中等收入阶段农民相对收入出现变化都有一定的必然性，如图4-12所示。

从理论上来看，在短期内，不同类型劳动者的收入差距扩大是市场经济体制内生的。对于工农业部门的非技术型劳动者而言，他们之间收入差距的缩小甚至消失是较容易实现的。对农民来说，在家务农与外出打工从事简单的工业劳动是他们经常面临的决策，当然，这一决策过程不是农民个人所决定的，更是一种家庭决策，在此不展开讨论。市场机制的自然作用有调节劳动力流动、缩小收入差距，这种作用不论在工业部门还是在农业部门都是类似的。由于技术型劳动者相比非技术型劳动者有更高的产量和边际生产率，所以要素异质性造成的收入差距消失很难实现，除非他们的边际劳动生产率达到一致。

从长期来看，随着不同类型劳动力要素流动障碍消除，非技术型劳动者逐渐转为技术型劳动者，不同部门同类型劳动者的收入有趋向一致的可能，但也很难实现。在要素流动的同时，部门间的份额也在利润驱使下发生着变化。工业部门扩张、农业部门萎缩加剧了对工业技术型劳动者的需求，使他们的收入始终处于有利地位。要真正实现不同部门间同质劳动的收入一致，也许可以通过农业生产功能剥离为工业部门的一部分来实现，即通过"内部化"消除产业的二元状态。

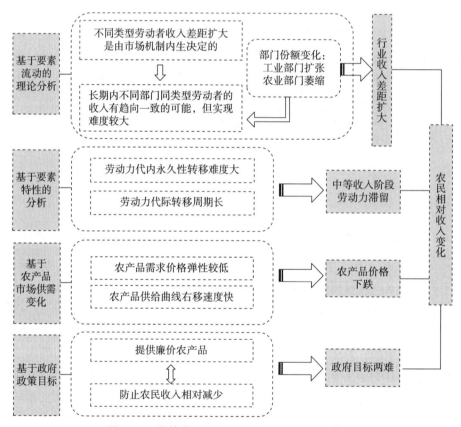

图4-12 中等收入阶段农民收入相对变化的机理

回到劳动力要素本身，非技术型劳动者到技术型劳动者的转型需要时间，劳动力就业需求结构与供给结构的调整很难同步。要实现农民相对收入改善，农民必须永久性离开农业。受制于劳动力要素本身，通过代内永久性转移的实现难度很大，而通过代际转移的实现可能性更大。但代际转移需要的周期更长，中等收入阶段的时间跨度尚不足以让农业劳动力全部或大部分转移到非农产业，农民相对收入的提高主要依赖于这一阶段农业劳动力的转移速度。因此，中等收入阶段农民收入相对变化主要不是因为农业产值份额下降速度快，而是因为农业劳动力转移需要的时间更长。

回到农产品市场，在不同的收入阶段，农产品的需求价格弹性不同。在中等收入阶段，农产品需求价格弹性较低，人们对农产品"量"的需求逐渐转为对"质"的要求。与此同时，农产品供给曲线的右移速度却很快，由此造成农产品价格下跌幅度很大，这也是造成农民收入相对变化的原因之一。

通过上述分析发现，依靠市场手段和要素流动本身都是很难在中等收入阶段解决农民收入问题的，那么是否可以依赖政府的力量解决呢？答案也是否定的。中等收入国家面临着提供廉价农产品与防止农民收入相对减少这两个相互对立的政策目标，其政策制定的难度要显著大于已经进入高收入阶段的国家。在这一阶段，由于劳动力转移的滞后性，农民依然占据了较高的就业份额，政府也就很难以工业部门的收入去弥补占比依然较大的农业从业者的收入。因此，在中等收入阶段，农民收入会出现相对变化的现象，这既是合理的，也是必然的。

第五章

农民相对收入变化趋势
——是否存在"U 形"曲线

通过前文对比低收入阶段、中等收入阶段和高收入阶段的农业份额及农业劳动相对收入的变化发现，农民相对收入可能会呈现"U 形"变化，是否真的存在这条"U 形"曲线呢？如果存在的话，其变化的拐点会在哪里呢？本章将利用 FAO 和世界银行的相关数据去验证之前的判断。

第一节　数据说明

因为缺乏直接可比的农民收入数据，本章以农业劳动相对收入作为农民相对收入的代理指标，通过农业劳动相对收入的变化反映一国农民收入情况。为了分析农业劳动相对收入随人均收入水平变化的规律，需要经济体相对连续的统计数据，并且周期越长越好。基于有限的年度时间序列数据，很难对农民收入这个问题进行分析，这样长时期的数据也很难获得，因此，我们可以将发达经济体的今天视作发展中经济体的明天，利用面板数据来观察农业劳动相对收入的变化规律。本章所用数据主要来自 FAO 和世界银行数据库，数据从 1970 年开始。按照世界银行最新的国别收入分组标准，2019 年人均 GNI 在 1036 美元(含)以下的国家归入低收入国家行列。在本章所获取的样本中，低收入经济体因本身财力有限，没有完善的统计体系和相对连续的统计数据，因此在本部分被剔除。后续的分析主要针对中高收入阶段的经济体展开。

第二节　农业份额与农业劳动相对收入变化

农业在产业结构中的份额下降是各国经济发展的一个基本规律，库兹涅茨在《各国的经济增长》一书中通过三个部门的结构变化已经发现，随着人均收入由低到高，农业部门所占份额越来越低，非农业部门比例上升。农产品的一个重要功能是提供人们所需的食物，而食物是缺乏收入弹性的，食物的需求收入弹性一般小于1。恩格尔定律表明，在一个家庭或一个国家中，食物支出在收入中所占的比例随着收入的增加而减少。富裕程度越高，食物支出的收入弹性越小。正是这种收入弹性不足的特点使农业与其他产业相比处于显著不利的地位。随着收入增加，农产品的市场需求量会以相对较小的速度增加，农业扩张规模和速度也会逊于其他产业，农业份额下降成为必然。这是由农产品的自身特点所决定的。再从技术角度来看，一方面，农业技术进步提高了农业劳动生产率，生产相同数量产品所需的劳动力数量减少，农产品的供给曲线向右移动，农业劳动力出现剩余，其中部分转移到非农产业中，农业就业份额出现下降。另一方面，工业革命最早是在非农领域突破了劳动者的体力限制，非农劳动生产率率先得到提高，并且提高速度和技术应用规模均快于农业部门，这又加剧了农业部门的相对落后，促进农业资源向非农产业转移，农业产值和就业份额进一步下降。除了经济动因，政府的力量也加快了农业份额的下降速度，如重工业化政策的实施对这一进程起到很强的助推作用。

产值份额和劳动力份额的下降总体上与人均国民总收入水平形成对照。依据2019年人均GNI水平的高低，将样本国家分为表5-1所示的5个收入组别，结果显示，随着人均GNI水平的提高，农业产值份额先快速下降而后略有上升，而劳动力份额呈持续下降状态。2019年人均GNI低于5000美元的国家农业产值份额平均为18.6%，农业劳动力份额平均为38.6%，人均GNI超过50000美元的国家其农业产值份额平均为2.0%，农业劳动力份额平均仅为 1.8%，两者分别约为 5000 美元以下组别的1/9和1/21。可见，总体上，一国的人均收入水平越高，农业所占的份额越小。

表 5-1　2019 年不同收入水平国家的农业产值与就业份额

人均 GNI	样本数（个）	农业产值份额(%)			农业劳动力份额(%)		
		均值	最小值	最大值	均值	最小值	最大值
5000 美元以下	90	18.6	0.80	67.7	38.6	3.3	86.2
5000~10000 美元	36	7.8	1.90	20.5	16.5	0.1	39.5
10001~20000 美元	31	2.9	0.40	7.3	7.3	2.4	21.2
20001~50000 美元	31	1.3	0.01	5.6	2.6	0.5	6.8
50000 美元以上	17	2.0	0.03	18.5	1.8	0	4.4

从统计的中高收入国家 1970 年以来的农业产值份额变化来看，农业产值份额的下降是一个比较缓慢的过程。20 世纪 70 年代农业增加值在整个经济增加值中的占比在 11.1% 左右（见图 5-1）。20 世纪 80 年代随着世界经济发展，如日本的经济增长模式备受瞩目，我国也开始了改革开放，农业产值份额有一个缓慢下降态势，10 年间农业产值份额的平均值约为 11%。1990 年，随着日本股票市场突然下跌，日本出现了危机，20 世纪 90 年代的整整 10 年，日本几乎处于不同程度的经济停滞状态，20 世纪 90 年代的前 3 年，中欧国家也因货币和汇率等问题经历了两次金融危机。伴随着汇率危机、股市崩溃和严重的通货紧缩在世界各国蔓延，20 世纪 90 年代的前几年，农业产值份额出现了向上震荡，但可以发现，农业劳动力份额在此时期也有一个跃升、平稳而后趋于下降的过程。1991~1995 年，农业产值占比平均达到 13.9%，高出 20 世纪 80 年代 11% 的平均水平约 3 个百分点。20 世纪 90 年代后半期开始，农业产值占比再次稳步下行，由 1995 年的 13.4% 下降至 2019 年的 7.8%。通过产值份额的变化可以发现，"无农不稳"的规律不仅适用于一个国家，而且适用于国际社会（蒲淳，1999）。

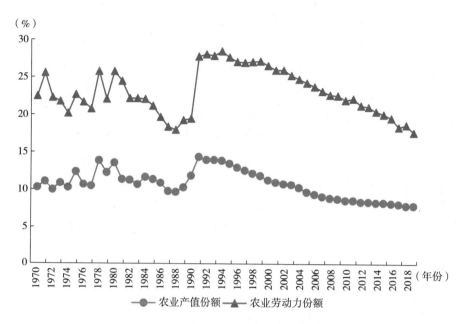

图 5-1　中高收入国家农业产值份额与就业份额变化

注：农业劳动力份额在 1990 年后有一个跃升，可能的原因是 FAO 和世界银行的数据均采用了国际劳工组织（ILO）使用模型所估计 1990 年至今的农业劳动力份额的结果。

伴随农业产值份额的下降，农业就业份额在波动中下降，1970~1989年，从 22.4%下降到 19.2%，年均降幅 0.8%；1991 年有一个明显的跃升，这可能与计算方法的系统变化有关，但从 1991 年以后，农业劳动力份额稳步下降，从 1991 年的 27.7%下降到 2019 年的 17.6%，年均降幅 2.5%，远快于 1970~1989 年的下降速度。1970~2019 年，农业产值份额年均下降速度为 0.5%，就业份额同期年均下降约 0.5%，两者基本相同。虽然农业就业份额一直高于农业产值份额（见图 5-1），但两者的差距在 21 世纪的第二个十年有了明显的缩小态势。20 世纪 90 年代，农业就业份额平均为 27%，高出农业产值份额 13.7 个百分点；在 21 世纪的第二个十年，两者的差缩小到 11.8 个百分点。这说明农业劳动相对收入有了一定的改观，而通过农业劳动相对收入变化趋势来看（见图 5-2），农业劳动收入相对整个社会劳动收入的提高过程非常缓慢，农业劳动相对收入由 1970 年的 0.46 波动增长到 1990 年的 0.61，年均增长 1.4%；而后持续下降到 2011 年 0.38，年均下降 2.2%；2011 年后，呈现出稳步提升的趋势，2019 年为 0.44，年均增长 1.8%。总体上，2019 年的农业劳动相对收入相比 1970 年略有降低，这一缓慢的进程主要是由农业劳动力向外转移的速度较慢所致。Ghatak 和 Ingersent(1980)研究指出，农业劳动力增长的转向点存在的条件是，只有当非农业劳动力的增长速度超过总劳动力的增长速度时，农业劳动力的绝对数量才能下降。从更长的历史时期观察来看，就业份额的下降是一个极其缓慢的过程。美国农业就业份额在 1830 年为 70.8%，经过近 90 年的时间下降到 30% 以下，由 30% 下降到 10% 又花费了近 50 年的时间，再由 10% 下降至 2% 左右又经过了近 30 年的时间(冯海发和李桂娥，1989)。日本农业就业份额由 1870 年的 84.8% 下降至 10% 以下也经历了百年以上的时间。

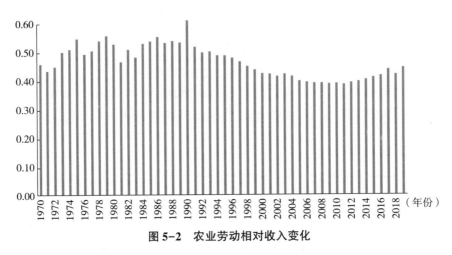

图 5-2　农业劳动相对收入变化

第三节　农业劳动相对收入变化的不同类型

为了进一步分析农业劳动相对收入的变化规律，根据经济增长速度和农业劳动相对收入两个指标，将列入中高收入阶段的国家分成四种类型：

高增长、高差距型；高增长、低差距型；低增长、高差距型；低增长、低差距型。具体的分类标准是依据 1970 年以来的所有国家 GDP 增速的均值即 3.6% 和农业劳动相对收入均值 58% 计算。类型 1：GDP 增长率大于3.6%、农业劳动相对收入小于 58% 的国家列为高增长、高差距型；类型2：GDP 增长率大于 3.6%、农业劳动相对收入大于等于 58% 的国家列入高增长、低差距型；类型 3：GDP 增长率小于等于 3.6%、农业劳动相对收入小于 58% 的国家列入低增长、高差距型；类型 4：GDP 增长率小于等于3.6%、农业劳动相对收入大于等于 58% 的国家列入低增长、低差距型。如图 5-3 所示，子图（a）以横纵两条线（GDP 增速 3.6% 和农业劳动相对收入58%）将样本分成四个部分展示，子图（b）是将各类型国家分别作图。可以看出，类型 1、类型 3 的国家分布偏左，即农业劳动相对收入低于 58%，类型 1 的国家增长率较高，纵向样本分布相对较为分散；类型 2、类型 4国家分布偏右，即农业劳动相对收入高于 58%，类型 2 的国家增长率较高，纵向样本分布相对较为分散。

在对国家分类时，剔除了数据连续性较差及个别异常的样本，但同时也发现，部分南美洲国家农业份额过高，影响农业劳动相对收入变化整体形势的判断。目前南美洲可耕地面积占南美大陆的 4/5，但只有 1/3 得到使用，其余均被用作放牧。南美洲农业资源丰富，但大部分耕地为少数人所有，一些小农场的作物只能用来维持生计，如阿根廷的农业劳动力占全部劳动力的比例仅为 0.6%，这一比例严重低于多数高收入国家水平，而其农业产值比例为 7.2%，从而导致该国农业劳动相对收入过高。这部分样本属于特例，如果列入，会影响对农业劳动相对收入的总体判断，因此对类似国家也进行了回避。

在将中高收入国家划分成四种类型后（见表 5-2），可以发现，高增长、高差距型国家的 GDP 增速较快，1970~2019 年平均达到 5.0%；农业劳动相对收入平均为 38.4%，这一数值与低增长、高差距型国家均值基本一样。多个亚洲经济增速较快的发展中国家如中国、印度、泰国、印度尼西亚、菲律宾等都列入了此行列。其中，我国的经济增长最为迅速，平均年增速超过了 9%，农业劳动相对收入波动较大，平均为 35.4%，意味着农业劳动者的收入水平相当于社会收入总水平的 1/3。

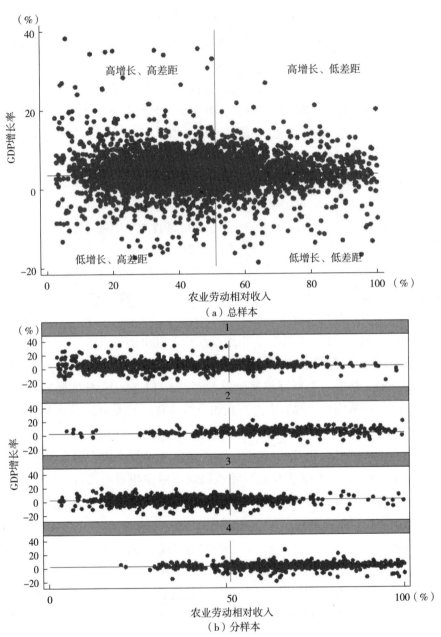

图 5-3 基于 GDP 增长率和农业劳动相对收入的国家分型

注：农业劳动相对收入占比超过100%的样本未在此列示；子图(b)中1代表高增长、高差距型，2代表高增长、低差距型，3代表低增长、高差距型，4代表低增长、低差距型。

表5-2　部分国家经济增长、农业劳动相对收入与人均农业资源状况

分类	GDP增长率（%）	农业劳动相对收入（%）	人均耕地（公顷）	人均淡水资源（米³）
高增长、高差距国家均值	5.0	38.4	0.20	14113
中国	9.0	35.4	0.10	2475
印度	5.5	36.4	0.18	1625
印度尼西亚	5.4	34.7	0.11	11066
泰国	5.4	26.0	0.29	4055
菲律宾	4.3	57.8	0.08	7620
尼日利亚	3.9	54.8	0.29	2228
高增长、低差距国家均值	5.2	77.6	0.18	11066
新加坡	6.9	62.1	0.00	182
埃塞俄比亚	6.8	59.5	0.17	1545
马来西亚	6.3	67.4	0.05	31343
缅甸	6.3	76.2	0.24	24541
约旦	4.9	104	0.07	186
以色列	4.0	82.4	0.07	148
低增长、高差距国家均值	2.3	39.5	0.25	15316
巴西	3.5	34.1	0.30	37948
墨西哥	3.1	22.8	0.24	4846
日本	2.3	32.0	0.04	3530
法国	2.1	49.3	0.30	3367
德国	1.8	40.3	0.15	1332
俄罗斯	0.7	48.6	0.85	29667
低增长、低差距国家均值	2.4	92.3	0.34	155282
冰岛	3.2	100.0	0.49	643792
澳大利亚	3.1	73.8	1.2	27966
美国	2.6	61.7	0.69	10813
加拿大	2.4	86.7	1.41	100300
荷兰	2.3	74.4	0.06	722
匈牙利	2.0	74.0	0.47	583

注：该表是以1970~2019年数据为基准计算。

高增长、低差距型是最为理想的国家发展类型，也是样本数最少的一类，在 173 个国家和地区中，仅有 19 个国家位列其中。新加坡、马来西亚、以色列、约旦等多个人均耕地面积不足 0.1 公顷的国家都属于此类，估计这与当地农业资源的相对稀缺导致农业要素价值较高有关。以色列是其中一个较有代表性的国家，该国的耕地、水资源都极其匮乏，但农业产业化程度高，要素市场发育充分，生产方式是典型的技术密集型。以色列农业劳动力占人口比例较低，但素质普遍较高，农民中大学以上文化程度的占近 50%，高价值要素带来了相对较高的收入，以色列农业劳动相对收入平均达到 82.4%。厄瓜多尔的农业劳动相对收入为 121.6%，即农业劳动者收入是社会平均水平的 1.2 倍。虽然人均耕地资源有限，但水资源丰富，香蕉和对虾是厄瓜多尔出口的两大拳头商品，特别是对虾这一高价值农产品为厄瓜多尔农业带来了丰厚利润。

低增长、高差距型国家经济增速较慢，农民收入也相对较低。不过农业劳动相对收入实际考察的是初次分配状况，并没有考虑政府分配政策对实际农民收入的影响，因此列入此种类型的国家与现实感受不尽一致。例如，日本、法国、德国等发达国家也在此列，而这几个都是高农业补贴国家，经过分配调整后，其农民的实际收入水平并不低。如表 5-3 所示，德国、法国经过收入调整后，基尼系数分别下降了 40.82% 和 44.23%，日本下降了 34%。中国、智利、墨西哥等国收入分配调整效果却不够理想，基尼系数下降比例均在 10% 以下，而且这些国家的农业劳动相对收入水平本身较低，即这些国家的农民收入状况相对不理想。

低增长、低差距型国家以农业资源相对丰富的发达国家为主，这些国家的经济增速平均在 2.4% 左右，农业劳动相对收入平均为 92.3%，即农业从业者收入水平接近于社会平均水平。

通过对比四种类型发现，经济增速较快的发展中国家收入差距水平普遍较高。经济增速稍慢的发达国家初次分配时收入差异较大，但人均农业资源丰富的发达国家因禀赋优势，其农业劳动相对收入水平也较高，人均农业资源稍逊的发达国家虽然农业劳动相对收入水平不高，但依靠国内再分配政策，实际收入差距也不大。也就是说，发达国家基本实现了相对均等化的收入分配，而发展中国家收入差距仍然维持初次分配后的高水平

（张车伟、程杰，2013）。从初次分配及再分配以后的情况来看，我国都是世界上收入差距较大的国家之一，不仅高于主要发达国家，在发展中国家中也处于较高水平。从图5-4七个国家农业劳动相对收入的变化情况可以看到，进入21世纪后，我国的农业劳动相对收入处于相对下滑的状态，由之前相对中等的位置逐渐走向靠后位置。

表5-3　部分国家初次分配与再分配后基尼系数变化

国家	农业劳动相对收入（%）	初次分配基尼系数	再分配基尼系数	变化（%）
芬兰	60.8	0.51	0.27	-47.06
比利时	77.8	0.49	0.26	-46.94
爱尔兰	20.8	0.52	0.29	-44.23
斯洛文尼亚	46.6	0.44	0.25	-43.18
奥地利	29.3	0.49	0.27	-44.90
捷克	71.6	0.43	0.25	-41.86
丹麦	60.4	0.44	0.26	-40.91
德国	60.2	0.49	0.29	-40.82
法国	63.9	0.52	0.29	-44.23
卢森堡	37.8	0.48	0.31	-35.42
希腊	32.6	0.53	0.31	-41.51
挪威	96.6	0.43	0.26	-39.53
葡萄牙	37.4	0.51	0.31	-39.22
斯洛伐克	88.1	0.38	0.22	-42.11
冰岛	105.2	0.37	0.25	-32.43
匈牙利	71.4	0.46	0.29	-36.96
意大利	49.1	0.51	0.33	-35.29
瑞典	85.0	0.43	0.28	-34.88
波兰	25.8	0.45	0.28	-37.78
西班牙	65.4	0.49	0.32	-34.69
荷兰	86.6	0.44	0.30	-31.82
日本	35.4	0.50	0.33	-34.00
英国	54.5	0.51	0.37	-27.45

续表

国家	农业劳动 相对收入(%)	初次分配 基尼系数	再分配 基尼系数	变化(%)
澳大利亚	73.0	0.45	0.33	−26.67
俄罗斯	60.6	0.43	0.32	−25.58
加拿大	121.6	0.42	0.30	−28.57
新西兰	95.8	0.46	0.35	−23.91
美国	58.5	0.51	0.40	−21.57
瑞士	26.4	0.40	0.31	−22.50
以色列	117.1	0.44	0.35	−20.45
巴西	48.8	0.58	0.48	−17.24
韩国	33.3	0.40	0.35	−12.50
中国	29.6	0.61	0.56	−8.20
智利	30.4	0.50	0.46	−8.00
墨西哥	28.0	0.43	0.42	−2.33

注：农业劳动相对收入为 2019 年数据。

资料来源：OECD 数据库，数据选自 2017~2019 年中的可得数据。

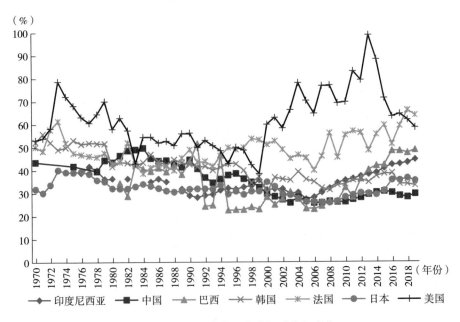

图 5-4 部分国家农业劳动相对收入变化

第四节　农业劳动相对收入与收入水平的关系

一、经济增长与收入分配的关系讨论

农民收入问题的实质还是收入分配问题。kuznets（1955）基于美、英、德等国的历史数据发现，收入分配的不平等状况与经济发展水平之间存在着一条"倒U形"关系曲线，即经济发展初期，随着收入水平提高，收入分配有恶化的趋势，但当收入进一步增长之后，这种分配状况又会有所改善，后人将这种经济增长与收入分配之间的关系曲线称为"库兹涅茨曲线"。半个多世纪以来，经济学家对此发现一直处于争论中。有的学者认为，效率最终会带来公平，即经济增长将推动更公平的收入分配，这些研究证实了库兹涅茨假说。例如，Paukert（1973）通过对多国收入数据的观察发现，尽管有些国家的收入差距短期内维持稳定，有的短期内变化，但收入差距的长期趋势是下降的。Ahluwalia（1976）利用多元回归分析方法也验证了库兹涅茨假说。Huang 和 Lin（2007）通过对 75 个国家的横截面数据使用半参数贝叶斯推断方法进行实证分析，在不平等和人均 GDP 之间存在着一种近似的倒 "√" 形关系，基本证实了 "倒 U 形" 曲线的存在。但也有一些研究认为，库兹涅茨曲线未必存在。例如，Deininger 和 Squire（1996）并没有发现增长与不平等之间有系统的联系，但发现经济增长对减贫有正向效应。Acemoglu 和 Robinson（2002）提出了库兹涅茨曲线的政治经济学理论分析，研究表明，发展并不一定会引发库兹涅茨曲线，高不平等、低产出和低不平等、高产出的情况都会存在。事实上，库兹涅茨本人并不认为收入差距会无条件地随经济发展呈现先上升后下降的变化，这种变化实际是由一系列经济、政治、社会和人口条件造成的（王小鲁、樊纲，2005）。

虽然各个经济体的自然条件、历史背景、制度环境、经济发展方式不同，收入分配状况也未必表现出一致的轨迹，但收入差距从扩大到缩小作为一般趋势，对大部分国家的收入分配变化仍有较好的解释力（邵红伟、靳涛，2016）。那么从收入差距扩大到收入差距缩小，究竟是发展条件变化的结果还是政府干预的结果？是否存在一个先天条件，当达到某一收入水平时，政府才有能力也有动力去解决收入差距问题呢？如果存在这样一种条件，会在哪一种收入水平下发生呢？以我国的经验来看，20世纪90年代后期以来，在收入差距中，由地区差异贡献的部分在缩小，而由部门差异贡献的部分在增大（Cai和Yang，2004）。农业作为一个相对传统和弱势的产业，从事该行业的劳动力收入一般情况下会低于整个社会的平均水平。作为收入差距问题的一个代表，农业劳动相对收入是否会呈现"U形"变化（与库兹涅茨"倒U形"曲线对应），其拐点又在哪里？下面通过一个回归模型来验证。

二、模型设定与变量选择

为了验证农业劳动相对收入与收入水平的关系，设定如下回归模型：

$$R_{it} = \beta_0 + \beta_1 G_{it}^2 + \beta_2 G_{it} + Develop_{it} + \varepsilon_{it}$$

其中，R代表收入分配的指标；G为本书关注的核心解释变量，即人均GNI；Develop是代表发展程度的指标。i表示国家或地区，t代表年份。表5-4对各变量分别进行了说明。

表5-4 各变量的符号与含义

类型	符号	变量	具体说明
被解释变量	R	农业劳动相对收入（%）	指农业劳动力人均收入与全部劳动力人均收入的比值，通过农业产值份额与农业就业份额的比计算得到。该指标越大，表示该国农业劳动相对收入越高，收入差距一般而言会越小
	dual	二元对比系数（%）	以非农部门的比较劳动生产率除以农业部门的比较劳动生产率表示，数值越大，则二元化程度越高
解释变量：核心变量	G	人均GNI（美元）	用于衡量经济发展的程度和阶段，数值越大，表示该国经济发展水平越高。该指标为图表集法确定的人均国民总收入，以现价美元衡量
	G^2	人均GNI平方项	上述指标的平方项

续表

类型	符号	变量	具体说明
解释变量：宏观层面	gdpg	经济增长率(%)	用 GDP 增长率表示，用以衡量国家经济发展速度，数值越大，表示经济增长越快
	exp	经济开放度(%)	以出口占 GDP 的比例来表示，数值越大，表示开放程度越高
	credit	金融规模(%)	以银行对私人部门贷款占 GDP 的比例来表示，数值越大，表示资本化和市场化的程度越高
解释变量：结构层面	urban	城镇化率(%)	以城镇人口占总人口的比例表示，数值越大，代表城镇化水平越高
	unemp	失业率(%)	以失业人口占总劳动力的比例来表示，数值反映二元劳动力结构的改善程度

被解释变量是收入分配指标。本章用农业劳动相对收入作为被解释变量，表示该国农业劳动相对整个社会劳动的收入水平，以衡量收入差距。一般情况下，农业劳动收入低于社会平均收入水平，该指标越大，表示从事农业劳动的劳动力所获得的收入越高。

解释变量主要是涉及发展程度的指标，包括宏观层面与结构层面的变量。

影响农业劳动相对收入的外生决定因素，除了代表收入发展水平的核心变量外，还主要控制了宏观层面和结构层面的一些变量。人均 GNI 即人均国民总收入，用以衡量该国所处的收入水平。国际上较为通行的比较各国收入水平的方法有购买力平价法和汇率法。其中，购买力平价法（Purchasing Power Parity，PPP）始于 20 世纪 60 年代联合国的国际比较项目（International Comparison Program，ICP），在理论上，PPP 作为 GDP 国际比较的货币转换因子，能够消除各国 GDP 中的价格差异，但在实际应用中，却由于各国经济发展水平、消费结构、消费习惯等方面的巨大差异，很难准确测量出实际的购买力平价水平（余芳东，1997）。实际应用表明，PPP 一般高估了发展中国家的实际经济规模，不能反映发达国家和发展中国家之间的实际经济差距（程伟，2008）。图表集法（Atlas Method）是汇率法的一种。它是用当年平均市场汇率与前两年价格调整后的平均汇率的平均值作为各国 GDP 比较的货币转换因子，通过价格调整消除各国货币与美元货币之间汇率的短期波动因素。这种方法可以较准确地测量各国经济发展差距。长期以来世界银行也采用该方法计算各国人均 GNI，以此确定高、中、低收入国家的标准。因此，本书仍以更为通行的图表集法确定的人均 GNI 作为核心解释变量。同时，加入了平方项，用以探寻收入水平与收入差距之间的非线性关系，以及验证是否存在"U 形"曲线关系，并可据此计算出拐点。

二元经济结构被认为是造成收入差距的重要原因，二元性的制度、政策一方面通过影响农业与非农部门的生产效率来影响收入差距，另一方面会通过影响城乡劳动力的自由流动加大差距。二元经济结构最常用的衡量指标是二元对比系数[1]，它以非农部门的比较劳动生产率除以农业部门的比较劳动生产率表示，记为R_1。但该指标几乎可视作农业劳动相对收入的一种变形，不适合再作为解释变量，因此选择城镇化水平作为衡量二元经济程度的指标，用城镇人口占总人口的比例表示。同时，选取了失业率作为衡量二元劳动力结构的指标，一方面，失业人口主要集中在城市地区，即第二、三产业，农业劳动力基本不存在失业的可能性；另一方面，由于第二、三产业的比较劳动生产率更高，因此尽管失业率对于整个经济发展水平而言是一个负向的指标，但对于农业劳动相对收入而言，意味着劳动力二元结构的改善，从而可能提高农业劳动相对收入。此外，从二元对比系数的计算公式可以看出，该比值也可以视作非农劳动人均收入与农业劳动人均收入的比值，作为反向考察农业劳动相对收入的一个指标，后面可以此指标替代被解释变量 R 进行模型的稳健性检验。

其他一些宏观层面的指标也会影响收入差距的变化，进而影响农业劳动相对收入水平，在此选取了 GDP 增长率、经济开放度、金融规模为代表。其中，GDP 增长率用以衡量该国的经济增长速度，该指标越大，表示

---

[1] 农业部门的比较劳动生产率为 $B_1=\dfrac{G_1/G}{L_1/L}$，非农部门的比较劳动生产率为 $B_2=\dfrac{G_2/G}{L_2/L}$，二元对比系数为 $R_1=\dfrac{B_2}{B_1}=\dfrac{G_2/L_2}{G_1/L_1}$。

该国经济增速越快。经济开放度或经济自由度一般以进出口总额占 GDP 的比例表示，但考虑到开放条件下一国的出口贸易和居民收入的关系更为密切，因此，本章以出口占 GDP 的比例来表示对外开放中的商品流动性。金融规模通过银行对私人部门贷款占 GDP 的比例表示，数值越大，意味着一国的金融市场规模越大，从而资本深化及市场化的程度越高。

经过数据清理整合，最终得到 140 个国家 1970～2019 年的面板数据。不同国家在不同年份数据可得性不同，该面板为非平衡面板，主要变量的统计特征如表 5-3 所示。

表 5-5　变量统计特征

变量 符号	变量名称	观测值 （个）	均值	标准差	最小值	最大值
lnR	农业劳动相对收入的自然对数	4795	3.51	1.18	0	5.22
dual	二元对比系数(%)	3731	3.87	4.26	0.17	66.23
G	人均 GNI(美元)	6012	8326	14197	40	142160
G^2	人均 GNI 平方项	6012	2.71×10^8	9.12×10^8	1600	2.02×10^{10}
gdpg	经济增长率(%)	6326	3.73	5.2	-19.8	39.5
exp	经济开放度(%)	5707	37.59	27.46	0.005	228.99
credit	金融规模(%)	5304	37.76	35.8	0	304.58
urban	城镇化率(%)	6326	51.17	24.16	2.85	100
unemp	失业率(%)	4182	7.83	6.21	0.11	37.97

三、研究方法与实证结果

鉴于数据可得性，本章最终使用的是非平衡面板。非平衡面板数据并不影响计算离差形式的组内估计量，固定效应模型的估计可以照样进行，对随机效应模型也没有实质性影响(陈强，2010)。非平衡面板数据使得估计量及其协方差矩阵的数学表达式更加复杂，但这些都可以由 Stata 在幕后进行。虽然可以从非平衡面板中提取一个平衡面板数据子集，再进行数据

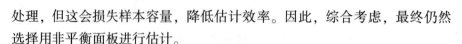

处理，但这会损失样本容量，降低估计效率。因此，综合考虑，最终仍然选择用非平衡面板进行估计。

首先，以农业劳动相对收入作为被解释变量，以人均 GNI、人均 GNI 平方项、经济增长率、经济开放度、金融规模、城镇化率、失业率作为解释变量，分别建立混合效应模型(Pooled OLS)、固定效应模型(FE)和随机效应模型(RE)。其次，应用 Wald 检验是选择个体固定效应模型还是混合效应模型，结果显示应用固定效应模型；B-P 检验是选择随机效应还是混合效应模型，结果支持随机效应模型；Hausman 检验是选择固定效应模型还是随机效应模型，结果显示，chi2(6) = 103.63，Prob>chi2 = 0.0000，强烈拒绝原假设，表明宜采用固定效应模型进行估计，结果如表 5-6 所示。

表 5-6　收入水平对农业劳动相对收入的影响(基本模型选择)

变量	被解释变量：农业劳动相对收入的自然对数		
	Pooled OLS	FE	RE
人均 GNI 平方项	6.25E-10 ***	2.24E-10 ***	2.53E-10 ***
（G²）	(2.21E-11)	(1.83E-11)	(1.81E-11)
人均 GNI	-0.0000719 ***	-0.0000324 ***	-0.0000358 ***
（G）	(1.86E-06)	(2.01E-06)	(1.96E-06)
经济增长率	0.00726 ***	0.00398 ***	0.00395 ***
（gdpg）	(0.0021)	(0.0011)	(0.0011)
经济开放度	-0.00740 ***	-0.00347 ***	-0.00395 ***
（exp）	(0.0003)	(0.0005)	(0.0005)
金融规模	-0.000852 **	-0.000845 **	-0.000805 **
（credit）	(0.0003)	(0.0003)	(0.0003)
城镇化率	-0.0170 ***	-0.0174 ***	-0.0202 ***
（urban）	(0.0006)	(0.0012)	(0.0011)
失业率	-0.0135 ***	0.00949 ***	0.00741 ***
（unemp）	(0.0015)	(0.0019)	(0.0018)
常数项	5.425 ***	4.857 ***	5.047 ***
	(0.0278)	(0.0661)	(0.0668)
样本数	3408		

注：( )内为标准误，**、***分别代表5%和1%的显著性水平。

由于固定效应模型中可能存在异方差及自相关问题，所以继续检验异方差及自相关问题并予以纠正。其中，组间异方差使用修正的沃尔德 F 检验（Modified Wald Test for Groupwise Heteroskedasticity），原假设是同方差。组间异方差检验结果 [chi2(140)= 5.6E+06，Prob>chi2=0.0000] 显示存在显著的截面异方差。自相关问题使用伍德里奇检验（Wooldridge Test for Autocorrelation in Panel Data），原假设是没有一阶自相关。序列相关检验结果 [F(1，139)= 0.912，Prob>F=0.3413] 表明无法拒绝原假设，即不存在显著的一阶自相关。为了解决模型存在的组间异方差问题，运用"xtscc"命令（相当于将 White/Newey 估计扩展到面板）重新估计模型，结果如表 5-7 所示。

表 5-7　收入水平对农业劳动相对收入的影响（模型修正）

变量	被解释变量：农业劳动相对收入			
	FE	FE-scc	FE-IV	FE-IV-robust
人均 GNI 平方项	2.24E-10 ***	2.24E-10 ***	2.21E-10 ***	2.21E-10 ***
（G^2）	(1.83E-11)	(2.33E-11)	(1.86E-11)	(1.61E-11)
人均 GNI	−0.0000324 ***	−0.0000324 ***	−0.0000321 ***	−0.0000321 ***
（G）	(2.01E-06)	(2.95E-06)	(2.04E-06)	(1.88E-06)
经济增长率	0.00398 ***	0.00398 ***	0.003599	0.003599 *
（gdpg）	(0.0011)	(0.0014)	(0.0038)	(0.0032)
经济开放度	−0.00347 ***	−0.00347 ***	−0.00369 ***	−0.00369 ***
（exp）	(0.0005)	(0.0006)	(0.0006)	(0.0006)
金融规模	−0.000845 **	−0.000845 **	−0.000724 **	−0.000724 **
（credit）	(0.0003)	(0.0004)	(0.0003)	(0.0003)
城镇化率	−0.0174 ***	−0.0174 ***	−0.0174 ***	−0.0174 ***
（urban）	(0.0012)	(0.0014)	(0.0012)	(0.0011)
失业率	0.00949 ***	0.00949 ***	0.01019 ***	0.01019 ***
（unemp）	(0.0019)	(0.0020)	(0.0020)	(0.0016)
常数项	4.857 ***	4.857 ***		
	(0.0661)	(0.0824)		

续表

变量	被解释变量：农业劳动相对收入			
	FE	FE-scc	FE-IV	FE-IV-robust
Kleibergen-Paap rk LM 统计量				81.891 [0.0000]
Kleibergen-Paap rk Wald F 统计量				54.682 {19.93}
样本数	3408	3408	3371	3371
人均 GNI 拐点（美元）	72321	72321	72624	72624

注：（1）（）内为标准误，[ ]内数值为相应检验统计量的 P 值，{ } 内为 Stock-Yogo 检验 10% 水平上的临界值；（2）** 、*** 分别代表5%和1%的显著性水平；（3）Kleibergen-Paap rk LM 检验的零假设是工具变量识别不足，若拒绝零假设，则说明工具变量是合理的；（4）Kleibergen-Paap rk Wald F 检验的零假设是工具变量为弱识别，若拒绝零假设，则说明工具变量是合理的。

内生性问题是学者在讨论收入分配与经济增长、收入水平时关注较多的问题。模型引入的变量很多都与增长有关，但这并不影响估计的无偏性，检验发现，解释变量膨胀因子 VIF 均小于2.2，说明不存在严重共线性问题。但经济增长率在理论上不排除与本章所关注的收入分配指标即农业劳动相对收入有互为因果的可能。此外，控制变量以外的因素在影响收入分配的同时也可能会影响经济增长，如一些制度、政策的因素未能考虑在内，这就意味着扰动项 ε_{it} 与解释变量经济增长率可能相关，从而产生内生性。为了检验内生性问题是否存在，本章采用了 Davidson 和 Mackinnon 的方法，原假设为 OLS 估计和 IV 估计都是一致的，即内生性问题对 OLS 估计结果影响不大，结果 P 值为 0.5335，无法拒绝原假设，表明不存在内生性问题。但从经济理论和估计结果稳健性考虑，以经济增长率滞后 1 期和滞后 2 期作为工具变量，来消除可能的内生性问题（表 5-7 中的 FE-IV），同时，兼顾异方差问题，汇报了异方差稳健型工具变量估计结果（表 5-7 中的 FE-IV-robust）。表 5-7 模型 FE-IV-robust 中 Kleibergen-Paap rk LM 统计量的 P 值为 0，有效拒绝了工具变量识别不足的假定，Kleibergen-Paap rk Wald F 检验中最小特征统计值均大于 Stock-Yogo 检验的临界值，排除了存在弱工具变量的可能性，因此，工具变量的选择是合理的。

观察表 5-7 中人均 GNI 和其平方项的系数，一次项和二次项的系数在四个模型中都是显著的，二次项系数显著大于 0，一次项系数显著小于 0，这说明随着人均收入水平的提高，农业劳动相对收入呈现出"U 形"变化。经济增长能够改善农业劳动相对收入，这可能是由于经济增长带来的"涓滴效应"，随着经济的增长，第二、三产业，尤其是第三产业，需要更多的劳动力，这会带来农业劳动力的非农转移，并且非农转移的速度会快于农业产值份额下降的速度，从而带来农业劳动相对收入的提高。但从估计结果来看，这种促进的效果并不是很强，尤其是在考虑了可能的内生性问题后，经济增长率的估计结果的显著性有所下降。经济开放度、金融规模、城镇化率这三个反映经济指征和结构的变量，没有表现出对农业劳动相对收入的促进作用，这与肖卫等(2009)的研究结论一致。这说明经济发展与工业化、城镇化的过程是一个劳动力基于要素报酬差异的调整过程，这一过程中收入差距的存在是不可避免的，以"农民工"身份从事非农产业的劳动者没有或者不能及时地得到按照要素分配的报酬。失业率的提高，能够促进农业劳动相对收入水平的改善，失业率增加一个单位，将使农业劳动相对收入提高约 0.01%。这是一个有趣的结果，可能的原因：一方面，农村可能存在"蓄水池"功能，农业劳动份额可能会因此增加；另一方面，农业产值份额增加的速度会相对更快，一是相对劳动力份额的增速更快，二是相对第二、三产业产值的降幅而言农业产值份额的增加也将很明显。

从表 5-7 的人均 GNI 一次项和二次项的系数可以推算出，农业劳动相对收入约在人均 GNI 达到 72000 美元时有一个转折点，农业劳动相对收入才会由下降通道转为上升。也就是说，当收入达到这一水平时，政府才真正有能力去解决收入差距问题。在目前样本中只有冰岛、瑞典、挪威、卢森堡等极少数高收入发达国家可以划入此列，而美国、澳大利亚、丹麦、荷兰、卡塔尔等国家的人均 GNI 尚无法达到这一水平(美国 2022 年已超过这一拐点值)。我国显然离这个目标还有一定的距离，在这个时期农民收入成为一个社会关注的问题也就不足为奇了。

为了看出"U 形"曲线大致的斜率变化，以 10000 美元为标准将样本分成 8 个阶段，具体每个阶段代表的样本范围如表 5-8 下方注释。可以看出样本主要集中在第 1 阶段，即人均收入水平 10000 美元以下，这个阶段内人均收入水平与农业劳动相对收入有显著的负相关性，并且系数绝对值明显大于后面各个阶段。直到人均 GNI 增加到 30001~40000 美元，农业劳动相对收入水平都是显著降低的；第 5 阶段和第 7 阶段估计系数不显著，但影响方向为负，第 6 阶段估计系数显著为负，直到第 8 阶段，即人均 GNI 超过 70000 美元以后，估计系数的影响方向才转为正，这与前文估计的人均 GNI 为 72000 美元的转折点相一致，如表 5-8 所示。

表 5-8　收入水平对农业劳动相对收入的影响(分阶段)

变量	被解释变量：农业劳动相对收入自然对数			
	第 1 阶段	第 2 阶段	第 3 阶段	第 4 阶段
G	$-5.83E-05$ ***	$-2.67E-05$ ***	$-1.83E-05$ ***	$-2.28E-05$ ***
	(-9.30)	(-9.13)	(-3.15)	(-2.70)
常数项	4.903 ***	5.387 ***	7.498 ***	5.459 ***
	(72.56)	(10.28)	(5.48)	(6.00)
样本数	2442	321	197	155
变量	被解释变量：农业劳动相对收入自然对数			
	第 5 阶段	第 6 阶段	第 7 阶段	第 8 阶段
G	$-1.41E-07$	$-9.57E-06$ **	$-3.27E-06$	$8.01E-07$
	(-0.03)	(-2.12)	(-0.79)	(0.56)
常数项	5.685 ***	8.531 ***	9.905 ***	9.119 ***
	(12.74)	(9.45)	(5.60)	(4.49)
样本数	135	73	38	47

注：( )内为 t 值，**、*** 分别代表 5%和 1%的显著性水平；第 1 阶段至第 8 阶段指用人均 GNI 不同范围内的样本回归，其中第 1 阶段是人均 GNI 低于 10000 美元的样本，第 2 阶段代表人均 GNI 在 10000~20000 美元的样本，第 3 阶段代表人均 GNI 在 20001~30000 美元的样本，第 4 阶段代表人均 GNI 在 30001~40000 美元的样本，第 5 阶段代表人均 GNI 在 40001~50000 美元的样本，第 6 阶段代表人均 GNI 在 50001~60000 美元的样本，第 7 阶段代表人均 GNI 在 60001~70000 美元的样本，第 8 阶段代表人均 GNI 在 70000 美元以上的样本。

四、稳健性检验

二元对比系数描述了一个国家二元经济结构的程度，是非农业劳动人均收入与农业劳动人均收入的比值，也可作为农业劳动相对收入的一个逆向指标或变形指标，下面以二元对比系数作为被解释变量来考察人均收入水平与二元对比系数的关系。需要说明的是，农业劳动相对收入是依据 FAO 数据库中的数据计算得来，二元对比系数取自世界银行数据库，两者数据来源不一致，二元对比系数的缺漏值相对更多一些，但这并不影响模型估计的整体性。估计均以经济增长率滞后 1 期和滞后 2 期作为工具变量，并汇报了异方差稳健标准误，结果如表 5-9 所示。

表 5-9　收入水平对农业劳动相对收入和二元对比系数的影响

变量	被解释变量	
	农业劳动相对收入	二元对比系数
人均 GNI 平方项	2.21E-10 ***	−8.30E-10 ***
（G^2）	(1.61E-11)	(1.45E-11)
人均 GNI	−0.0000321 ***	0.000101 ***
（G）	(1.88E-06)	(1.65E-5)
经济增长率	0.003599 *	0.165 ***
（gdpg）	(0.0032)	(0.0518)
经济开放度	−0.00369 ***	−0.00628
（exp）	(0.0006)	(0.0048)
金融规模	−0.000724 **	0.00412 **
（credit）	(0.0003)	(0.0021)
城镇化率	−0.0174 ***	−0.0689 ***
（urban）	(0.0011)	(0.0131)
失业率	0.01019 ***	0.0536 ***
（unemp）	(0.0016)	(0.0139)

变量	被解释变量	
	农业劳动相对收入	二元对比系数
Kleibergen-Paap rk	81.891	73.097
LM 统计量	[0.0000]	[0.0000]
Kleibergen-Paap rk	54.682	144.919
Wald F 统计量	{19.93}	{19.93}
样本数	3371	3073

注：（1）（ ）内为异方差稳健标准误，[ ]内数值为相应检验统计量的 P 值，{ } 内为 Stock-Yogo 检验 10%水平上的临界值；（2）* 、** 、*** 分别代表 10%、5%和 1%的显著性水平。

与预想的一样，二元对比系数随人均收入水平提高呈现"倒 U 形"变化，恰好与农业劳动相对收入的变化相反。据此推算，这个拐点值出现的收入水平相对较低，大约在人均 GNI 达到 61000 美元时。经济增长率的估计系数明显更大，从而再次印证前文关于经济增长通过"涓滴效应"改善农业劳动相对收入的判断；经济开放度的影响不显著，金融规模估计系数的符号均与以农业劳动相对收入为被解释的变量相反，也符合预期。但城镇化率和失业率的估计系数在二元对比系数为被解释变量时并没有发生逆向变化，与农业劳动相对收入为被解释变量的符号方向一致，说明城镇化对农业劳动相对收入有负向作用，但却一定程度上改变了二元经济结构状态，这与经济增长的"涓滴效应"有类似的含义；失业率的变动对二元经济结构的促进作用也显著更大，这是因为第二、三产业的劳动生产率远高于农业劳动生产率。据此推测，城镇化的影响会最先表现在对非农人均收入与农业人均收入的差距改善上，但对农业劳动在整个社会劳动中的地位改变上还有一定时滞，需要更长时间的努力。

五、不同体制背景下收入水平对农业劳动相对收入的影响

Sukiassyan（2007）等认为，转型国家在宏观经济、社会等方面较为独特，市场改革的深度、广度有一定相似性。对中国、俄罗斯等经济转型国

家而言，其收入差距也可能有些独特。20世纪80年代以来，很多国家都进行了计划经济到市场经济的转型，宏观经济状况出现了急剧变化和调整。20世纪90年代对很多转型国家而言是一段不同寻常的经历，除中国外，很多国家经济步入了下滑阶段(见图5-5)。宏观经济的变革直接影响到劳动力市场的变化。在计划经济体制向市场经济过渡时期，与充分就业紧密联系的各种社会保障还没有建立起来，取而代之的是失业和贫富差距问题(王健，2005)。从农业劳动相对收入变化来看，20世纪90年代以来，转型国家农业劳动相对收入几乎呈一路向下的走势(见图5-6)。以吉尔吉斯斯坦为例，国际劳工组织(ILO)统计数据显示，1989年该国农业工人工资为每月0.89索姆，非农行业工资为每月1索姆，两者差距不大，但随后差距不断拉大，20世纪90年代中期以后至2008年，农业行业人均工资只相当于非农行业人均工资的40%。

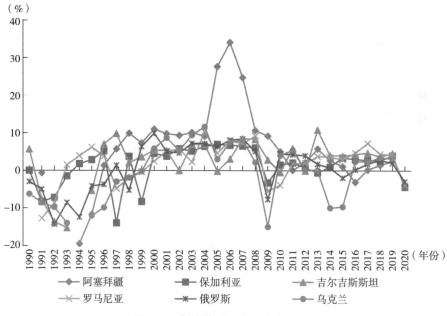

图5-5　部分转型国家经济增长状况

为了更清晰地梳理出转型国家与非转型国家收入差距的影响因素，对样本国进行分类估计。根据国际货币基金组织对转型经济体的划分，从样本中筛选出了14个转型国家，分别是阿尔巴尼亚、保加利亚、捷克、匈牙

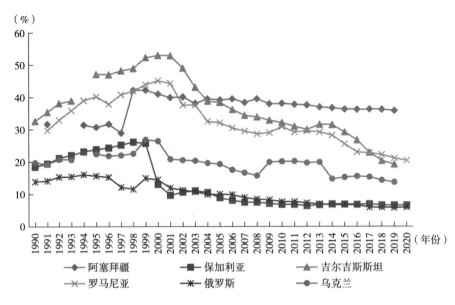

图 5-6　部分转型国家农业劳动相对收入变化

利、波兰、罗马尼亚、斯洛伐克、斯洛文尼亚、爱沙尼亚、阿塞拜疆、吉尔吉斯斯坦、俄罗斯、乌克兰和中国，其余国家归入非转型国家行列，然后分别对其进行估计，结果如表 5-10 所示。

表 5-10　不同发展背景下收入水平对农业劳动相对收入的影响

变量	被解释变量：农业劳动相对收入	
	非转型国家	转型国家
人均 GNI 平方项	2.00E-10***	1.01E-9***
（G^2）	（1.61E-11）	（3.56E-10）
人均 GNI	-0.0000297***	-0.0000663***
（G）	（1.91E-06）	（9.48E-06）
经济增长率	0.0083**	-0.0019
（gdpg）	（0.0040）	（0.0066）
经济开放度	-0.00342***	-0.00163
（exp）	（0.0006）	（0.0015）

续表

变量	被解释变量：农业劳动相对收入	
	非转型国家	转型国家
金融规模	−0.000750 **	0.000240
（credit）	（0.0003）	（0.0011）
城镇化率	−0.0177 ***	−0.0139 ***
（urban）	（0.0013）	（0.0022）
失业率	0.00903 ***	0.0144 ***
（unemp）	（0.0018）	（0.0040）
Kleibergen-Paap rk LM 统计量	68.600 [0.0000]	14.302 [0.0002]
Kleibergen-Paap rk Wald F 统计量	86.683 {16.38}	29.179 {16.38}
样本数	3055	339

注：（1）（）内为异方差稳健标准误，[ ]内数值为相应检验统计量的 P 值，{ } 内为 Stock-Yogo 检验 10%水平上的临界值；（2）** 、*** 分别代表 5%和 1%的显著性水平。

无论是对转型国家而言，还是对非转型国家而言，人均 GNI 对农业劳动相对收入的影响都是"U 形"关系，人均 GNI 的提高会带来农业劳动相对收入的先降后升，只是对于转型国家来说，拐点出现在 32822 美元左右，而非转型国家的拐点远高于此，为 74250 美元。尽管这意味着随着转型国家经济增长，农业劳动相对收入的改善可能更早地出现，但转型国家的人均 GNI 平均约为 6800 美元，2019 年的平均水平约为 13000 美元，并且由于这些国家（中国除外）经济增长较大的波动性（见图 5-5），距离 32822 美元的人均 GNI 还有很长的路要走。第四章的理论分析也对这一结果提供了一定的解释：短期内转型经济体在要素流动方面存在障碍，且非技术型劳动者对技术型劳动者暂时难以替代，这将导致农业和非农业两个劳动力市场的工资差异不断扩大。虽然在样本中转型经济体和非转型经济体的时间跨度一样，但实际上非转型经济体在之前已经有了更长时期的市场化发展，这导致农业劳动相对收入持续恶化，只有当人均 GNI 提高到"超级富裕"的水平时(即超过 74250 美元),才可能改善农业劳动相对收入。

就经济增长率的作用来看,非转型国家的估计系数仍然显著正向影响农业劳动相对收入,但非转型国家经济增长对农业劳动相对收入的影响不显著,可能的原因是这些国家经济增长并不稳定。对于非转型国家而言,经济开放度和金融规模仍显著负向影响农业劳动相对收入,而转型国家的两个估计系数并不显著,可能的原因是这类国家的市场化程度仍然较低,需要进一步提高对外开放程度,向市场机制转轨。城镇化率估计系数的符号与总样本回归结果一致,但转型国家该变量的系数绝对值较小,这与转型国家第二、三产业相对缺乏对农业劳动力的"拉力"有关;失业率估计系数的符号也与总样本回归结果一致,但转型国家该变量的系数绝对值更大。

第五节　主要结论与讨论

从长远来看,农民收入问题不是我国特有的问题,其解决必然需要较长一段历史时期,美国、日本等国家农业就业份额的下降都历经了百年以上的时间,对此我们应该做好充足的心理准备。虽然与发达国家及多数发展中国家相比,我国的农业劳动相对收入实际处于一种相对下滑的状态,但这与我国的国情有着一定的联系。一方面,我国的经济体制经历了一段转型过程,并且目前仍处于改革的进程中,产业结构的变化要求形成与之匹配的劳动力结构,在转型时期出现收入差距的扩大是一种正常现象。另一方面,虽然 21 世纪我国提出了"以工补农"的政策,但二元经济结构在一定程度上限制了劳动力的流动,并且缺乏有效的资源配置机制。多种因素的叠加使我国农业劳动相对收入呈现一种相对较低的状态。

对于我国这种转型国家而言,提高经济开放度和进一步保持经济持续平稳增长,仍是短期内实现农民收入增长的重要途径。提高经济开放度是我国政府一直在努力实践的,不过它的作用不能直接影响农民收入,而保持经济持续增长则会对农民收入起到立竿见影的效果。此外，政府相关财政补贴和转移支付是收入再分配的重要手段。尽管在回归模型中，政府补贴和其他转移支付并不显著正向影响农业劳动相对收入，但通过对低收入差距国家分析发现，这些国家政府补贴和其他转移支付占 GDP 的比例普遍较高，并且发达国家的再分配会显著大幅降低收入分配基尼系数。根据世界银行数据测算①，低收入差距国家（农业劳动相对收入占比超过 58%）的这一比例在 2019 年为 41.5%，在 2020 年为 71.1%，两个年份平均达到 56.3%，爱沙尼亚、美国、西班牙、澳大利亚、加拿大、瑞典、芬兰、捷克、荷兰、德国、比利时的比例均在 60% 以上，其中，德国、比利时和西班牙政府的补贴比例在 2019 年甚至超过 80%。可以看到，高补贴对改善农民收入状况起到了至关重要的作用。

从各国发展经验来看，凡是成功跨越中等收入陷阱的国家均较好地解决了收入分配问题（陆万军，2012）。但我们也应清醒地认识到，过早地照搬发达国家已经实现的东西，往往适得其反，反倒可能使发展的进程陷于停滞，最终实现不了这些目标，或者推迟实现这些目标（樊纲，2008）。我国的收入差距问题也好或农民收入问题也好并没有特殊性，这是经济发展过程中的必经阶段。但在解决这个问题时，我们需要关注两点：一是强调政府责任也要明确政府责任的边界，否则忽视财政实力的福利赶超就会成为经济增长的绊脚石。当然，我国的政治体制决定了政府在应对收入分配问题时相比其他政治体制有更大的行政裁量权，不存在"福利赶超"的制度基础，这一点会优于其他发展中国家。二是劳动力转移、经济增长与收入分配之间呈现的是一幅相互交织的复杂关系图，各国历史基本验证了收入差距最终是随着劳动力的转移而缩小的，对我国而言，尽快实现城镇化才是解决农民收入问题的根本途径。

---

① 各个国家此项数据不全，此处计算是以 2019 年和 2020 年两年中最近年份数据为标准。

第六章
中国农民收入的主要影响因素
——农村经济市场化视角的分析

农民收入问题不是我国特有的问题，但我国二元经济状态的程度较深，使得这一问题在我国的表现就比较突出。处于经济转型阶段的国家，农村中部分"幸运儿"进入城市经济部门工作，获得了比农民高但可能又低于城镇居民的收入，这反而会使得农村内部群体间的收入差距拉大。实际造成的结果是，城乡间的收入差距趋于缩小，但农村内部的收入差距比城镇居民间更大。要解决这个问题，必然需要从降低经济的二元性入手。发展经济学在论证农村剩余劳动力转移时的一个基本前提是要素自由流动。市场化是二元结构转型的制度前提。在假设非农部门市场化程度较高、农业部门市场化程度较低的前提下，农村市场化程度的差异会对农民收入有什么影响？农民所在地区的外部市场化环境和所在村庄本身的市场化程度对农民收入的影响哪个更大？解答这些问题可以为提高我国农民收入提供一些参考。

第一节　市场化与收入差距

在前文的理论分析中发现，短期内，不同类型劳动者的收入差距扩大是市场经济体制内生的，长期来看，随着不同类型劳动力要素流动障碍消除，非技术型劳动者逐渐转为技术型劳动者，不同部门同类型劳动者的收入有趋向一致的可能。虽然在现实中较难实现收入均衡，但如果市场机制本身就是不完善的，那农民相对收入恶化的问题就更加难以解决了。

处于中等收入阶段的国家，经济的二元程度是最深的，市场机制在这一时期还不能充分发挥作用，对收入差距是如何发挥作用的，可以通过下面的两个图(图6-1和图6-2)来对比。假设两个情景，情景一假设市场机制能够充分发挥作用(见图6-1)。当市场机制完善时，要素流动是顺畅的，要素流动会按照其边际报酬的大小进行。在要素市场上，当一种要素在某地区或某部门的边际报酬低于另一个地区或部门时，要素的流动就会发生。在没有制度障碍的前提下，资本会由发达地区流向落后地区，或由资本充裕的部门流向短缺部门；劳动力会由低工资水平的贫困地区或部门流向高工资水平的发达地区或部门。在这一过程中，发达地区或部门的资本使用效率提高，落后地区或资本短缺部门的资本需求得到满足，资本在落后地区或短缺部门的回报率下降；落后地区或部门的劳动边际回报率也会提高，即工资水平上升，发达地区或部门的工资水平下降。在产品市场上，产品是要素交换的载体，如果没有制度性障碍，产品在区域间会按照各自的比较优势分工生产。产品交换实际是产品所内含的生产要素的交换，从而使各种生产要素报酬即工资、利润、地租在不同地区和部门间趋同，收入差距缩小。因此，总体来看，市场机制的完善有利于缩小收入差距。

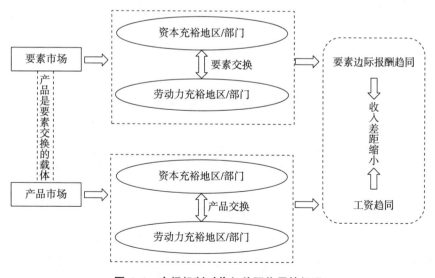

图6-1　市场机制对收入差距作用的机理

情景二假设市场机制是不完善的(见图 6-2)。在一个不健全的市场机制环境下，行业垄断、城乡分割、地区壁垒等与市场原则相违背的各种制度约束催生了权利、财富的不平等，从而加剧了机会的不平等，导致资源配置的无效率。市场化所倡导的要素自由流动在不完备的机制下难以实现，并且使收入差距进入恶性循环，使实现机会均等的制度和政策失去作用，不同收入阶层间难以形成相互信任的关系，危及社会稳定。处于中等收入阶段的国家，这一时期的市场机制普遍不够完善。例如，韩国在中等收入阶段采取的是政府主导型的市场经济模式，处于中等收入阶段的经济转型国家由计划经济到市场经济的体制转变也需要一段时间的调整。这种市场机制的不完善，造成了资源配置的低效，阻碍了要素以边际报酬为导向进行流动。虽然市场机制本身有缩小收入差距的功能，但当机制本身的不完善及各种制度性障碍存在时，这种缩小差距的功能发挥就会受到抑制(蔡昉，2007)。

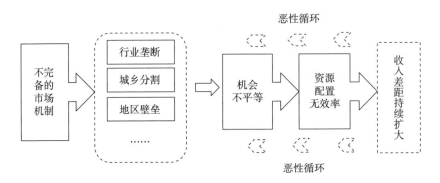

图 6-2　市场机制不完善背景下的收入差距变化

可以看出，在市场机制不完善的情况下，收入差距水平会不断扩大，农民的相对收入也就处于持续下降状态中。要改变这种状况，必然需要提高要素自由流动的程度，实现市场化转型。市场化作为二元结构转型的制度前提，也是测度市场机制完备程度的指标。因此，本部分将重点关注市场化对农民收入的影响。市场化就本质来看，主要包括四个维度：个人经济自由权利逐步被确立并得到有效实施保障的过程，确立平等市场规则的过程，交易规模不断扩大、合作范围不断扩展的过程，参与者互动博弈的过程(张曙光、赵农, 2000)。农户市场化主要表现在农户能否依据市场要求主动调整产业结构以谋求最大利益(蔡立雄、何炼成, 2008)。

在大部分农村地区, 农村本地的市场化程度与其所在省份或地区的市场化程度很可能是不同步的。因此, 外部的地区市场化环境与本村庄内部的市场化环境对农民收入的影响很可能也是不同的, 有必要区分这两个不同层面的市场化程度对农民收入的影响。本章对外部市场化程度的衡量主要依据农民所处地区的市场化整体进展程度, 此处以省份为单位, 即考察农民所在省份的市场化指数, 以此作为外部市场化的指标。村庄内部市场化则是测度农民所在村庄的要素市场和产品市场发育情况。同时, 考察地区市场化(外部市场化)和本村庄的市场化程度(内部市场化)对农民收入的影响会使研究更为丰满, 研究意义也更为实际。

假设我国劳动力市场不存在二元状态, 农村劳动力可无限进入城市经济部门, 可以想象的是通过要素的自由流动, 更多农民将进入非农行业就业, 农业就业人员的相对减少会平衡劳动力市场对不同技术水平人员的需求, 技术型和非技术型劳动者的收入差距将有缩小的趋势。但我国经济的现实状况是二元状态较为明显, 因为户籍、土地政策, 我国农村地区的市场化机会较少, 要素流动性较差, 这些都削弱了农村部门的经济活力。在相对分割的二元劳动力市场上, 技术型劳动者会因农村劳动力进入城市经济部门的壁垒而显得相对稀缺, 技术型和非技术型劳动者的收入差距进一步扩大。作为非技术型劳动者主要来源的农民, 其收入必然处于更加劣势的地位。当农村中少数群体获得进入城市经济部门工作的机会时, 农村居民彼此间的收入差距反而因此扩大, 农民内部的收入差距甚至要大于城市居民间的差距。

第二节　农户收入结构和地区特征

一、样本数据来源

本部分所用的主要数据来源于全国农村固定观察点, 观察点数据是有较强代表性的大样本微观调查数据，调查表涉及农户的生产、消费、生活等各个方面。2003 年开始，调查数据分为家庭成员和农户两部分。本部分研究以农民收入为主要对象，因此在数据处理时以户码为准将家庭成员数据与农户数据进行了整合对接。考虑到数据质量，研究涉及的年份为2005~2014 年。因为考察的是收入问题，物价因素的影响就必须剔除，因此对涉及收入和资产的变量均以 2005 年为基期，使用各省份当年的农村居民消费价格指数进行了平减。北京、天津、上海和重庆 4 个直辖市缺少农村居民消费价格指数，故以该市的城镇居民消费价格指数进行了替代。

二、农户收入结构

农户人均收入水平的变化如图 6-3 所示。2005~2014 年这 10 年间，扣除物价因素后，农户人均收入由 6138 元提高到 13338 元，收入翻了一番，年均增长率达到 9.0%。增长较快的年份是 2007 年、2009 年、2010 年和 2011 年。2007 年增速最快，同比增长 14.6%，之后受金融危机影响，2008 年农民人均收入仅增长 5%，但随着金融危机后国内经济刺激政策的实行，2009~2011 年这三年农民收入的增长进入了一个黄金时期，每年的增长速率都超过了 11%。从收入的增长速度可以看出，农民收入对非农产业发展的依赖性非常强，收入增长与国内经济大环境的变化趋势相呼应。目前农民七成以上的收入来自非农业劳动，农民非农收入占总收入的比例由 2005 年的 54.7%上升至 2014 年的 72.9%。

从收入构成来看(见表 6-1)，家庭经营收入和工资性收入还是农民收入的主要组成部分，两者合计约占总收入的八成，财产性收入和转移性收入占余下的两成左右。从这四部分的比例变化来看，家庭经营收入的比例不断下降，已由 2005 年的 60.2%下降到 2014 年的 37.2%，下降了 23 个百分点。工资性收入在收入中的比重不断增加，由 2005 年的 27.8%上升到 2014 年的 42.0%，增加了 14.2 个百分点。农民财产性收入的比例多年来没有显著变化，10 年间仅提高了 1 个百分点，2014 年占总收入的比例尚不足 5%。

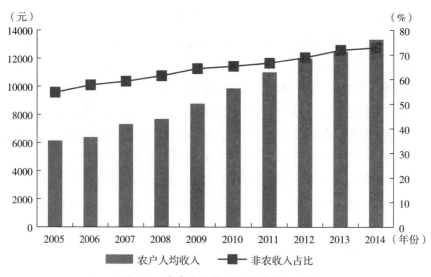

图 6-3　农户人均收入和非农收入占比

表 6-1　2005~2014 年农户家庭收入构成及各部分贡献份额　单位：%

年份	2005	2006	2007	2008	2009	2010	2011	2012	2013	2014
家庭经营收入占比	60.2	57.5	55.4	52.7	48.3	46.9	44.8	42.1	39.1	37.2
增长贡献	—	7.3	54.0	12.2	12.2	41.2	49.3	10.6	-37.1	20.8
工资性收入占比	27.8	30.2	31.1	32.6	36.1	36.8	38.6	39.7	41.3	42.0
增长贡献	—	70.8	29.7	58.1	74.3	37.6	48.1	64.1	104.2	55.2
财产性收入占比	3.8	3.9	3.7	4.0	3.1	3.7	3.5	4.0	4.2	4.8
增长贡献	—	10.3	0.8	13.8	-6.2	15.1	-7.1	8.6	2.0	17.2
转移性收入占比	8.2	8.4	9.7	10.7	12.5	12.6	13.1	14.2	15.4	15.9
增长贡献	—	11.5	15.5	16.0	19.6	6.1	9.7	16.7	31.0	6.8

　　财产性收入是财产通过市场交易而被货币化的结果，农民财产性收益的高低与其财产权利的强弱密切相关。农民财产性收入受制于长期分割的二元经济结构，农民财产产生收入的机会一直较少，并且转化渠道不顺畅，这就造成了多年来农民财产性收入增长缓慢。

　　转移性收入占农民收入的比例在观察期间有了较大的提高，由 2005 年的 8.2% 提高到 2014 年的 15.9%，提高了 7.7 个百分点。农民转移性收入主要来源于各种政府补贴、离退休金和养老金、家人亲友支付的赡养费等。政策性补贴是农民收入增长的重要元素。"农业四补贴"(粮食直补、良种补贴、农机购置补贴、农资综合补贴)是我国农业补贴的基础。2014年"四补贴"资金达到1784亿元,比2010年增加了449亿元(见表6-2),"十二五"期间仅前三年的"三农"投入就超过了"十一五"期间总和。除了农业补贴,新型农村合作医疗及养老保险也对农民转移性收入提高发挥了重要作用。新型农村合作医疗保险从2003年起试点,到2010年基本实现全覆盖,在保障农民基本卫生服务的同时,极大缓解了农民收入压力,对防止农民因病致贫、因病返贫起到了重要作用。2009年起,我国开展了全国范围内的新型农村社会养老保险试点,随着养老保险政策的实施,未来农民收入中来源于转移性收入的比例将继续提高。

表6-2 2004~2014年农业补贴金额　　　　单位:亿元

年份	农业补贴合计	粮食直补	良种补贴	农机购置补贴	农资综合补贴
2004	146	116	29	1	—
2005	174	132	39	3	—
2006	310	142	42	6	120
2007	514	151	67	20	276
2008	744	151	71	40	482
2009	1192	151	155	130	756
2010	1335	151	204	145	835
2011	1406	151	220	175	860
2012	1643	—	—	—	990
2013	1701	206	209	209	1077
2014	1784	272	207	228	1077

注:"—"表示无相关数据。

资料来源:Wind数据库。

与农户收入构成相对稳定不同的是,农户收入各部分来源对收入增长的贡献在年度间波动较大,特别是在2009~2011年农民收入增长较快的这几年,各部分的贡献率出现了较大起伏。其中,2009年家庭经营收入对总收入增长的贡献为12.2%，2010年和2011年均超过40%，但在2013年受国际农产品价格全线下跌的影响，家庭经营收入对总收入的贡献为负。在家庭经营收入中，农业经营收入和非农经营收入的比例基本保持稳定，农业家庭经营占家庭经营收入的比例维持在80%左右，剩下的20%由非农家庭经营贡献。工资性收入对总收入增长的贡献一直保持了较高水平，平均贡献率达到60%，贡献最低的年份是2007年，但也接近30%。与农业经营收入贡献呈现负值相对的是，2013年农民收入增长主要依赖于工资性收入，工资性收入的贡献率当年达到了104.2%。财产性收入的贡献率年度间波动较大，多数年份保持正向，但在2009年和2011年贡献率为负，贡献率最高的年份是2014年，达到17.2%。转移性收入与工资性收入一样，对总收入的贡献率相对比较稳定，在所有年份均提高了总收入水平，年度平均贡献率达到14.8%。与家庭经营收入相比，转移性收入虽然平均贡献率略低，但因为不受农产品价格波动的影响，其稳定性相对较强。

综合农户收入结构和来源的变化，可以看出近年农民收入增长有以下特点：一是家庭经营收入仍然是农民收入构成的主要部分，特别是其中的农业家庭经营仍是农民家庭经营的主要领域，虽然其对总收入的重要性在逐渐减弱，但短期内仍是农民收入的重要构成部分。二是工资性收入对农民收入的贡献率最高，增长也较为稳定，是农民收入增长的重要源泉，但因其受经济大环境的影响较大，增长的速率不会太快。三是财产性收入占总收入的比例多年来没有显著变化，说明我国对农民财产权利的束缚较多，但这可能是未来农民收入增长的重要途径。四是转移性收入虽然占比不高，但增长较为稳定，也是农民收入的重要补充。

三、农户收入来源的地区特征

不同地区农户的要素禀赋差异和非农业发展情况不一，农民收入会有显著的地区差异。在给定自然资源禀赋的前提下，这种差异的一个重要来源是当地非农业发展及由此带来的非农就业机会。随着劳动力在地区间流动，来自地区外的非农就业机会正逐渐成为农民收入增长的重要源泉。为了更进一步了解农户收入来源的地区特征，本章将样本户所在的地区按照东、中、西三个经济带的标准进行了划分，具体观察各地区农民收入的构成，以及比较农户家庭经营收入、工资性收入、财产性收入、转移性收入对收入增长的贡献。

从不同经济带农民平均收入水平的比较来看（见表6-3），东部地区农民的平均收入依然是最高的，2014年达到1.49万元，中部、西部地区分别为1.26万元和1.08万元。就增长速度来看，2005～2014年，东部地区农民人均收入以8.4%的年均速率递增，中部地区和西部地区均以9.4%的年均速率增长。从非农收入的比例变化来看，2005年东部地区的非农收入比例接近60%，西部地区稍低，为57.9%，中部地区最低，为51.4%。此后10年间，三个地区的非农收入占比都在上升，但东部地区上升速度最慢，2005～2014年提高了16.1个百分点，年均增速2.7%。中部经济带包括了多个粮食主产省，其收入来源中农业占比较高，所以中部地区一直是非农收入比例最低的地区。西部地区的非农收入比例一直处于较高水平，2014年成为非农收入占比最高的地区，这与西部地区农民收入来源渠道少、依赖打工收入有很大关系。

表6-3 东、中、西部地区农民平均收入与非农收入比例

年份	平均收入（元）			非农收入比例（%）			东西部地区收入差距比
	东部地区	中部地区	西部地区	东部地区	中部地区	西部地区	
2005	7226	5577	4831	59.9	51.4	57.9	1.50
2006	7477	5828	4945	63.2	54.1	63.0	1.51
2007	8498	6717	5767	64.8	55.7	62.9	1.47
2008	9047	6962	6236	67.1	58.0	63.1	1.45
2009	10077	8104	7132	69.2	61.1	69.3	1.41
2010	11507	9060	7142	69.3	62.6	68.9	1.61
2011	12507	10279	8437	70.2	64.1	72.8	1.48
2012	13531	11224	9680	72.3	66.4	75.1	1.40
2013	14145	11685	9696	75.1	69.7	76.5	1.46
2014	14909	12568	10849	76.0	70.7	78.3	1.37
年均增速（%）	8.4	9.4	9.4	2.7	3.6	3.4	-1.0

　　从东西部地区收入差距的比值来看，虽然差距总体呈现缩小趋势（见表6-3），但这种差距一直存在，并且差距缩小的稳定性不够，在某些年份差距又会有所上升。非农收入比例的变化是缩小地区差距的一个重要原因，非农收入中有相当大一部分是来自农民的打工收入。随着劳动力跨区域流动，这种差距在不断缩小。

　　从收入构成来看，三个地区有着较为显著的差异（见表6-4）。从家庭经营收入来看，三个地区的家庭经营收入占总收入的比例都在下降。东部地区家庭经营收入占比由2005年的59.1%下降至2014年的35.5%，中部地区由61.4%下降至38.9%，西部地区由51.2%下降至27.7%。从下降幅度来看，东部地区下降速度最快，10年间下降了23.6个百分点。但从家庭经营收入占总收入的比例来看，中部地区的家庭经营收入占比最高，2005~2014年平均值为50.1%，其次是东部地区，占比46.7%，西部地区占比最低，仅为39.3%。家庭经营收入由农业经营和非农经营两部分构成，两者的份额差异较大。中部地区是我国重要的粮食产区，2014年中部样本农户平均耕地规模为人均2.9亩，是东部地区的2倍，是西部地区的4倍，家庭经营对中部地区农户还有很重要的经济意义，所以中部地区样本户家庭经营收入占比最高。东部经济发达省份的非农家庭经营收入较高，家庭经营收入中来自非农部分的比例平均达到26%，分别高于中部地区和西部地区5.6个百分点和10.2个百分点，从而拉高了家庭经营占总收入的比例。西部欠发达省份的家庭经营收入主要依赖于农业，农业家庭经营占家庭经营收入的85.3%。从对总收入的贡献来看，东部地区家庭经营收入在2012年之前都对收入呈正向贡献状态，但2012~2014年连续三年都为负向，这表明东部地区在家庭经营收入方面的增长已经乏力。中部地区家庭经营收入对总收入的贡献率总体稳定，但在2008年和2013年出现了负向值，这与农产品供需造成的价格波动有较强的关系。2008年正值金融危机发生的年份，整体市场需求环境恶化影响了农民的产品收益。2013年受增产预期较强、市场供大于求的影响，国际农产品价格除棉花外呈全线下跌走势，国内外产品价格倒挂，进口增加。西部地区农民家庭经营收入对总收入的贡献率在年度间波动较大，贡献的方向和幅度都有较大差异，可见经营收入的稳定性较差，经营风险较高。

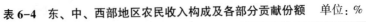

表6-4 东、中、西部地区农民收入构成及各部分贡献份额 单位：%

东部地区

年份	2005	2006	2007	2008	2009	2010	2011	2012	2013	2014
家庭经营收入占比	59.1	56.2	53.5	50.3	46.0	44.5	43.2	40.7	37.7	35.5
增长贡献	—	1.8	48.7	18.0	2.0	46.2	42.8	−8.7	−40.2	−26.9
工资性收入占比	25.4	27.3	29.0	31.2	36.1	37.1	38.6	39.3	40.9	41.6
增长贡献	—	62.6	32.7	51.4	100.2	33.3	48.8	70.9	109.2	71.1
财产性收入占比	6.9	7.2	6.8	7.0	4.2	4.4	4.1	4.2	4.5	5.3
增长贡献	—	18.7	1.5	20.1	−27.7	11.9	−4.5	6.7	2.8	40.5
转移性收入占比	8.6	9.2	10.7	11.5	13.6	14.0	14.1	15.8	16.9	17.6
增长贡献	—	16.7	17.0	10.6	25.5	8.7	12.9	31.2	28.1	15.4

中部地区

年份	2005	2006	2007	2008	2009	2010	2011	2012	2013	2014
家庭经营收入占比	61.4	59.1	57.3	54.7	50.2	48.7	46.3	43.4	40.5	38.9
增长贡献	—	15.3	58.5	−7.9	17.4	38.4	54.8	20.5	−33.9	44.6
工资性收入占比	28.7	30.9	31.7	33.0	35.5	36.0	38.0	39.4	40.7	41.3
增长贡献	—	70.7	28.5	72.1	60.5	38.2	47.5	59.4	98.1	46.1
财产性收入占比	2.1	2.2	2.1	2.3	2.6	3.4	3.2	3.8	4.3	4.7
增长贡献	—	4.2	0.3	7.0	5.6	17.1	−9.6	9.0	5.1	6.9
转移性收入占比	7.9	7.8	8.9	10.0	11.7	11.8	12.5	13.4	14.6	15.1
增长贡献	—	9.7	12.8	28.9	16.5	6.2	7.3	11.1	30.8	2.4

西部地区

年份	2005	2006	2007	2008	2009	2010	2011	2012	2013	2014
家庭经营收入占比	51.2	44.6	44.1	44.0	40.1	39.7	36.1	34.1	31.0	27.7
增长贡献	—	−170.8	37.0	89.3	19.3	−284.6	12.4	16.5	−88.4	2.7
工资性收入占比	37.0	44.7	41.9	41.0	44.6	47.1	48.1	49.7	53.4	56.0
增长贡献	—	332.4	19.5	28.9	64.6	1343.3	52.5	79.6	214.8	73.5
财产性收入占比	0.8	1.2	1.1	1.3	1.2	1.4	2.4	4.1	1.6	2.1
增长贡献	—	12.5	1.1	0.5	0.2	111.5	11.4	16.9	−102.4	11.8
转移性收入占比	11.0	9.5	12.9	13.8	14.0	11.8	13.5	12.1	14.0	14.2
增长贡献	—	−74.1	42.3	−18.6	15.8	−1070.2	23.7	−13.0	76.0	11.9

在工资性收入方面，三个地区的工资性收入比重都在持续提高，对总收入的贡献也全部为正向。从份额来看，地区经济发达程度与工资性收入占比呈逆向关系，东部地区、中部地区的工资性收入比例相当，2014年分别为41.6%和41.3%，西部地区为56%。早在2009年，西部地区就出现了工资性收入超过家庭经营收入的情况，东部地区和中部地区直到2013年才出现这种逆转现象。西部地区农户的外出就业时间占全年就业时间的比例是三个地区中最高的，2014年为43.3%，东部地区仅为30.3%，中部地区介于两者之间。从对总收入的贡献来看，2005～2014年东部地区工资性收入的平均贡献率为64.5%，中部地区为57.9%，西部地区工资性收入的贡献率极高，年度平均值为245.5%。可以看出，对西部地区的农民而言，正是因为其他收入来源不多，收入增长就更加依赖于工资性收入的增加。

财产性收入都是三个地区占比最低的收入类别。财产性收入的比例很不稳定，东部地区财产性收入的比例在4.1%～7.2%，中部地区为2.1%～4.7%，西部地区仅为0.8%～4.1%。从财产性收入对收入贡献的平均比例来看，东部地区财产性收入对总收入的贡献比例最高，平均达到7.8%，中部地区平均值5.1%，西部地区平均值为7.1%。这说明东部地区农民的财产性收入伴随经济发展上升相对较快，但与其他收入类型相比，上升的空间仍然很大。西部地区农民财产性收入虽然对总收入贡献率平均值较高，但年度间的波动太大，稳定性很差。

转移性收入是与工资性收入一样增长较为稳定的收入。转移性收入中有相当一部分来源于中央财政和地方财政，所以转移性收入的高低与中央对其转移力度和当地的财政实力有关系。东部地区因地方经济实力较强，转移性收入比例最高，2014年达到17.6%。中部地区农民转移性收入的比例位居其次，为15.1%，西部地区最低，只有14.2%。正是受地方经济发展和财政状况影响，西部地区是农民转移性收入波动最大的地区，这同时表现在转移性收入的占比和对总收入的贡献率上。从占总收入的比例来看，西部地区转移性收入占比最高的年份是2014年，但这也仅是恢复到与2009年比例相近。2006年、2008年、2010年和2012年，西部地区转移性收入对总收入的贡献率为负值，而东部地区和中部地区转移性收入占总收入的比例一直在保持上升态势，在所观察的年份中，转移性收入的贡献率

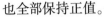

也全部保持正值。

总结东、中、西部地区农民收入构成和收入贡献份额的变化，可以得出以下结论：一是对东部地区农民而言，家庭经营收入中来自非农经营部分比例相对较高，这是东部地区农民借助于地区经济发展非农经营的结果，也是较其他地区农民的优势所在，中部地区农民主要依赖于农业家庭经营。二是从工资性收入来看，西部地区农民对工资性收入的依赖度显著高于东部地区和中部地区，也说明西部地区农民的本地非农就业机会较少，收入来源渠道窄，农民只能更加依赖于外出打工。三是就财产性收入而言，各地区财产性收入的稳定性较差、占比低，东部地区略有优势，但整体而言，这部分收入的增长潜力还有待发掘。四是转移性收入增长趋势虽然较为稳定，但受地区经济限制过强，说明国家要注重发挥转移性收入的作用。

第三节　农村经济市场化与农民收入

一、方法与模型设定

地区间收入差距扩大是农民收入差距扩大的主要原因，地区内部农民收入增长格局变化与市场化改革和要素市场发育高度相关（张车伟、王德文，2004）。通过前文对农民收入的来源、各部分收入的贡献及地区特征分析可以看出，地区经济发展水平是决定农民收入增长的重要因素，农村经济市场化进程的推进又在其中起到关键作用。为了分析市场化程度对农民收入的实际影响，在前文分析的基础上，将王小鲁等所著的《中国分省份市场化指数报告（2016）》中的市场化指数与观察点数据进行对接后进行实证检验，数据年份为 2008～2014 年。

本部分利用条件分位数回归（Conditional Quantile Regression，CQR）方法分析市场化对农民收入条件分布影响的程度，再利用 Firpo 等（2007；

2009）提出的再中心化影响函数（Recentered Influence Function，RIF）无条件分位数回归（Unconditional Quantile Regression，UQR）和 Borgen（2016）基于 RIF 回归的固定效应模型进行实证检验，以分析地区市场化和村庄市场化对农民收入的影响，并比较东、中、西三大经济带在农民收入受市场化影响方面的差异。

（一）条件分位数回归（CQR）

回归分析的基本思想是设法通过使所构建的方程与样本之间的距离最短来描述被解释变量的条件分布受到解释变量影响的过程（苏瑜、万宇艳，2009）。经典线性回归模型利用的是样本的平均信息，描述的是解释变量对被解释变量均值的影响。具体来说，就是用被解释变量条件均值的函数来描述解释变量每一特定值下的被解释变量均值，从而揭示解释变量与被解释变量的关系，其回归系数表达的是解释变量对被解释变量的平均边际效应或局部效应。可以说，传统的回归分析主要关注的是均值。当人们在评价一项经济活动或政策的影响时，不仅希望了解这一活动或政策对参与者的平均影响，还希望了解位于特征分布不同位置的样本的异质性作用，即我们不仅关心样本的平均特征，也关注被解释变量分布的局部特征和信息。分位数回归的方法就是在这一背景下提出的。

分位数回归的基本思想来源于 Koenker 和 Bassett（1978）。标准的条件分位数回归是一种基于被解释变量的条件分布来拟合解释变量的线性函数的回归方法。通俗地讲，即被解释变量的条件分位数是解释变量的函数。它是对普通最小二乘法的扩展。随着解释变量的变化，线性回归模型描述的是被解释变量条件均值的变化，而分位数回归模型强调的是条件分位数的变化。在不同的分位数水平，可以得到不同的分位数函数。分位数回归方法估计的是距离被解释变量条件分布的某个分位数最近的一条直线，每一个分位数回归的系数估计量都是基于样本的加权数据计算的，而非基于这一分位数的部分样本，即每个分位数的回归都需要利用所有的样本（何军，2011）。随着分位数取值由 0 到 1，可得到所有被解释变量在解释变量上的条件分布轨迹，即一簇曲线，而不像普通最小二乘法只得到一条曲线。相比最小二乘法，分位数回归不受超常值、异方差、被解释变量分布偏斜的困扰，它不仅可以度量回归变量在分布中心的影响，还可以度量在分布上尾和下尾的影响，即可以把解释变量对被解释变量的影响在后者的整个分布上都显示出来。因此，当需要对一个数据集合中分布在不同位置的数据点进行研究时，采用分位数回归是一种良好的选择（魏下海、余玲铮，2012）。例如，贫困研究更关心低收入人群，条件分位数模型就为集中研究样本中的特定人群提供了灵活性。本章关注的是农民收入问题，同样一项政策对处于样本上尾部分（高收入群体）的回报和处于下尾部分（低收入群体）的回报可能是不一样的。分位数回归方法为本部分的研究提供了可能性和灵活性。

首先，设定分位数回归模型如下：

$$q_w^\tau = q^\tau(w_i \mid x_i) = X_i\beta^\tau + \varepsilon_i^\tau \tag{6-1}$$

其中，$q^\tau(\cdot)$ 是给定解释变量 x_i 时被解释变量 w_i 在第 τ 分位数上的条件分位数，w_i 是农民人均收入的对数，x_i 指影响农民收入的因素。X_i 是和随机误差项正交的解释变量向量，ε_i^τ 和 β^τ 是第 τ 分位数上的未知参数，β^τ 为各分位点斜率系数的估计值[①]。第 τ 个百分位数表示被解释变量的数值低于这一百分位数的个案数占总体的 $\tau\%$。分位数可以指定分布中任何一个位置，如有 10% 的样本数值低于第 0.01 分位数。因为人的能力是不可能观测的，但又与收入有关，在原有的最小二乘法估计下，收入方程的扰动项很大程度上是包含了不可观测的个人能力。通过条件分位数，不仅可以观测到个人的不易观测的异质性，还可以了解具备不同能力的个人其可观测的个体特征会如何影响其收入水平（朱平芳、张征宇，2012）。

（二）无条件分位数回归（UQR）

无条件分位数回归是对条件分位数回归的补充和拓展。但条件分位数回归基于过多甚至是一些不必要的个体特征，所以其结论与研究者所关心的问题很可能不一致。例如，我们只关心市场化程度对农民收入的一般边际影响，而不管样本的家庭特征等其他因素，这其实就是收入关于市场化

---

① 分位数回归的基本思想是对于在回归线上方的点（残差为正），赋予其权重为 τ，对于在回归线下方的点（残差为负），赋予其权重为（$1-\tau$），然后求误差绝对值的加权和。分位数回归的参数估计量的求解则是要在加权残差绝对值之和最小化的条件下计算参数的值（李群峰，2011）。

程度的无条件分位数估计。解决这个问题的一个直觉想法是在计算中抛弃除市场化变量外的其他解释变量，直接用收入对市场化变量进行分位数回归，但这种做法得到的无条件分位数不是一致估计（朱平芳、张征宇，2012）。由于我们关心的是解释变量对被解释变量无条件分布 τ 分位数的影响，也就是相当于需要计算无条件分位数偏效应，但条件分位数的期望一般不等于它的无条件分位数，所以无法通过计算条件分位数偏效应后再得到无条件分位数偏效应的估计值。Firpo 等（2009）借用稳健估计中影响函数（Influence Function）的概念，建立了估计无条件分位数偏效应的一般步骤。

构造再中心化影响函数（RIF），获得各统计量的 RIF 一致估计，即 RIF 回归。位于 τ 分位数的变量w_i的 RIF 方程为：

$$RIF(w_i, q^\tau) = q^\tau + \frac{\tau - I(w_i < q^\tau)}{f_w(q^\tau)} \tag{6-2}$$

其中，q^τ代表变量 w 在 τ 分位数上的无条件分布，$f_w(\cdot)$是 w 的边际概率密度函数，$I(\cdot)$是一个取值 0 或 1 的指示函数。

再运用 OLS 回归得到上一步 RIF 变量的估计值。详细步骤请见 Firpo 等（2009）的原文。这种估计方法下文简称 RIF-OLS。

在 UQR 模型中，分位数被定义为再回归，因此，模型不再受到"右手边"变量的影响（Killewald and Bearak，2014）。无条件分位数回归符合研究者的预期，并很快成为被广泛使用的方法，其在 Stata 中通过命令也较容易实现。但当模型中包含高维固定效应时，工作量就变得很大。因此，现有研究主要使用常规的 RIF-OLS 回归方法，而没有将固定效应嵌入其中。2016 年 Borgen 研究提出了更简便易行的方法，使得无条件分位数固定效应估计（Fixed Effects in UQR）在 Stata 中能够更方便快捷地实现。因此，后文的实证部分将主要基于 Borgen（2016）的方法和命令。

二、变量选取

对家庭而言，劳动力是获取收入的最重要因素，因此在考察对农户人均收入的影响因素时，首先要考虑农户家庭劳动力特征。依据国家统计局的界定，劳动力的范围是 18~50 周岁的男性和 18~45 周岁的女性。考虑到农村实际情况，多数年龄在 50 岁以上的人仍然在从事农业劳动，甚至是目前农业劳动的主力军，因此本章放宽了对样本户劳动力年龄的界定，16~65 岁的均算作劳动力，也不再区分男女性别因素。2005~2014 年，农户劳动力的平均年龄由 40.1 岁增加到 44.9 岁，平均每年上升 0.5 岁。家庭劳动力数量则呈下降趋势，由平均每户 3 人下降到 2.7 人。在年龄增长、劳动力数量下降的情况下，人口抚养比数据不断恶化。2005 年家庭平均的人口抚养比为 39.4%，但到 2014 年时已经上升为 62.8%，年均增速达到 5.3%。从图 6-4 可以看到，农村人口抚养压力的凸显在近些年表现得更为突出。2005~2009 年，样本农户的人口抚养比平均每年递增 3.0 个百分点，但 2010 年之后，上升速度明显加快，平均每年增速高达 7.3%，显然这对农村经济发展和农民收入增长形成了巨大挑战。

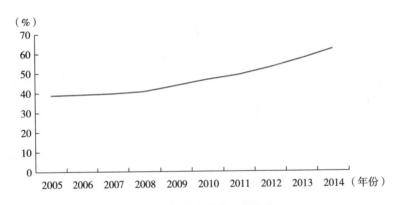

图 6-4　农村家庭人口抚养比

　　人力资本、物质资本也是研究收入问题时考量较多的要素。其中，人力资本变量的选择依据 Schultz(1961)、Becker(1964)对人力资本的界定，即人力资本是指存在于人体之中的具有经济价值的知识、技能和体力等因素之和，其中的核心因素是教育和健康情况。物质资本的选择参考高梦滔和姚洋(2006)的研究，以人均耕地和人均生产性固定资产为主要变量。需要说明的是，在处理人均收入问题时，本章参考了程名望等(2014)的方法，即认为农户的收入应该主要取决于家庭中的劳动力，而不应用家庭成员的数量代替。因此，大部分解释变量采用的是劳动力数据而非成员。但对物质资本的人均值(包括土地和生产性固定资产)采用了家庭成员数据。这主要考虑到在家庭联产承包责任制下,以土地为核心的生产资料是以户籍为标准的,所以是按家庭成员总数而不是按家庭劳动力进行分配的(程名望等,2014)。

传统的农村社会是小型、封闭的熟人社会(费孝通,2019)。随着市场化进程加快,当代农村社会也发生了深刻变革,这种变革一方面体现在家庭关系上,另一方面则体现在集体社会上。原来以家族、血缘为纽带关系的熟人社会逐步在市场环境下形成了与市场体系相容的组织规范。因此,有必要将社会资本作为一个考察变量纳入。社会资本是一个多视角的概念,也有多种表现形式。本章对社会资本变量的选择参考了林南(2005)的界定,主要包括考察样本农户是否国家干部户、是否乡村干部户、是否党员户、是否军烈属户、是否五保户、是否少数民族户。

各个地区的市场化进程不同步,本部分研究重点关注的是市场化程度对农民收入的影响,因此对市场化程度的度量指标是一个重要的变量。由于农村市场化过程比较复杂,可用的数据也不多,在现有的市场化量化研究中比较有代表性的是王小鲁等(2017)的市场化指数报告,以往研究中学者经常用该报告的地区市场化指数作为农村市场化程度的代理变量。因此,本章也采用了市场化指数的数据作为对地区市场化程度的度量标准。

在《中国分省份市场化指数报告(2016)》中,中国市场化指数由五个方面的分项指数构成,分别衡量了政府与市场的关系、非国有经济的发展、产品市场发育程度、要素市场发育程度、市场中介组织的发育程度和市场的法治环境,这些分项指数又由一些二级基础指数组成。例如,政府与市场的关系主要侧重衡量市场分配经济资源的占比、减少政府对企业干预等;非国有经济的发展主要测度了非国有经济在工业企业主营业务收入中的比例、在全社会固定资产总投资中的比例和就业人数占城镇总就业人数的比例。产品市场发育程度主要包括价格由市场决定的程度和减少商品市场上的地方保护。要素市场发育程度主要包括金融业市场和人力资源供应条件及技术成果市场化。市场中介组织的发育程度和市场的法治环境主要依据的是市场中介组织的发育程度、维护市场法治环境和知识产权保护等。整个市场化指数一共由18项基础指数组成。这些基础指数的计算依赖于权威机构的统计数据或企业调研数据，而没有采用专家打分的主观评价方法。基础指数以基期年份为基准，在基期年份采用0~10分的相对评分系统，对市场化程度最高的省份赋值10，最低的省份赋值0，其余省份评分介于这两者之间。市场化程度越高，得分越高。后续年份的评分以基期为基准，可能超过10分，也可能低于0分。因此，市场化指数在年度间是可比较的，可以反映一个省份市场化程度的变化趋势。本章采用的市场化指数是以2008年为基期的。以2014年市场化指数排名来看，浙江的市场化程度最高，其次是上海，再次是江苏、广东、天津、北京、福建、山东、重庆、安徽、湖北、辽宁、河南、湖南、江西、四川、广西、吉林、陕西、黑龙江、河北、海南、山西、宁夏、内蒙古、云南、贵州、甘肃、新疆、青海、西藏依次排序，各变量的符号与含义、变量统计特征如表6-5、表6-6所示。

表6-5 各变量的符号与含义

类型	符号	变量	具体说明
被解释变量	w	人均收入对数	以农户人均收入的对数作为被解释变量
家庭劳动力特征	dependency_R	人口抚养比（%）	非劳动年龄人口数/劳动年龄人口数①
	time_R	非农劳动时间比例（%）	劳动力非农劳动时间/总劳动时间
人力资本	meanhealth	平均健康水平	健康状况依据农户自我评价，问卷给出了"优、良、中、差、丧失劳动能力"5个选项，运用李克特五点量表法分别将其赋值为"5、4、3、2、1"，数值越大，健康状况越好，对缺失数据统一赋值3，即默认为中等健康水平
	meanEDU	受教育年限（年）	家庭劳动力平均受教育年限
	nonagritrain_R	非农培训比例（%）	家庭劳动力接受非农职业教育或培训的比例
	agritrain_R	农业培训比例（%）	家庭劳动力接受农业职业教育或培训的比例

---

① 对于家庭劳动力数量为0的样本户，为尽可能保证人口抚养比数据不缺失，将其家庭中65岁以上的人视作半劳动力进行了处理。

续表

类型	符号	变量	具体说明
物质资本	land	人均耕地(亩)	家庭人均耕地面积
	capital	人均生产性固定资产(元)	年末人均拥有的生产性固定资产原值
社会资本	ncadre	国家干部户	1是，0否
	vcadre	乡村干部户	1是，0否
	party	党员户	1是，0否
	military family	军烈属户	1是，0否
	fiveguarantees	五保户	1是，0否
	minority	少数民族户	1是，0否
村庄市场化	CUN_mig_time_R	村平均外出从业时间比例(%)	村庄样本户劳动力外出从业时间与总就业时间的平均值
	CUN_grain_C_R	村平均粮食商品率(%)	先计算农户粮食商品率，即农户出售的粮食数量与粮食总产量之比，为了便于计算，此处粮食仅指小麦、稻谷、玉米、大豆和薯类，再计算村庄样本户粮食商品率的平均值
地区市场化	M	地区市场化总指数	根据《中国分省份市场化指数报告(2016)》评分，分值越高表示该市场化程度越高。分值计算以2008年为基期，不同年份可比
	M1	政府与市场的关系	
	M2	非国有经济的发展	
	M3	产品市场发育程度	
	M4	要素市场发育程度	
	M5	市场中介组织的发育程度和市场的法治环境	
控制变量	year	年份	2008~2014年

表6-6　变量统计特征

变量		观察值	均值	标准差	最小值	最大值
w	人均收入对数	54846	9.03	0.72	3.79	12
dependency_R	人口抚养比(%)	54887	50.94	90.92	0	400
time_R	非农劳动时间比例(%)	54887	53.51	39.31	0	100
meanhealth	平均健康水平	54887	4.25	0.77	1	5
meanEDU	受教育年限(年)	54887	6.30	2.34	0	12
nonagritrain_R	非农培训比例(%)	54887	6.14	16.59	0	100
agritrain_R	农业培训比例(%)	54887	4.41	16.17	0	100
land	人均耕地(亩)	54887	2.35	4.02	0	23
capital	人均生产性固定资产(元)	54887	2473	5898	0	50113
ncadre	国家干部户	54887	0.04	0.20	0	1
vcadre	乡村干部户	54887	0.04	0.19	0	1
party	党员户	54887	0.16	0.36	0	1
military family	军烈属户	54887	0.02	0.14	0	1
fiveguarantees	五保户	54887	0.01	0.09	0	1
minority	少数民族户	54887	0.06	0.24	0	1
CUN_mig_time_R	村平均外出从业时间比例(%)	54887	37.11	20.75	0	100
CUN_grain_C_R	村平均粮食商品率(%)	54887	69.55	25.73	0	133
M	地区市场化总指数	54887	6.32	1.14	3.55	10
M1	政府与市场的关系	54887	6.83	1.11	3.65	10
M2	非国有经济的发展	54887	6.97	1.85	2.44	10
M3	产品市场发育程度	54887	8.20	0.72	4.78	10
M4	要素市场发育程度	54887	4.93	1.31	1.62	12
M5	市场中介组织的发育程度和市场的法治环境	54887	4.67	2.83	0.52	16

在考察本村庄内部市场化程度时，选择了两个代表本村庄市场化水平的指标：一是村平均外出从业时间比例。外出从业在调查问卷中指农民到外地从业，多数情况下是农民到外地打工或经商，这可以看作劳动力从农业转向非农业的一个表现，是劳动力流动性的指标，但具体到一个村庄而言，外出从业时间长，恰恰反映本村没有太多的非农就业机会，因此这可以视为村庄市场化程度的一个反向测度标准。二是村平均粮食商品率，即粮食出售数量与粮食总产量之比。部分样本出现了粮食出售数量超过粮食总产量的情况，这大致归为三种可能：一是样本户以往的陈粮在观察年份销售所致，二是样本户本身是粮食运销户，三是填报有误。面对这种情况，在回归分析之前对异常值进行了 Winsor 处理，如果样本户的该比值还是超过 100%，则查找其上年粮食销售情况再做分析，其他情况则默认为样本户为粮食运销户。

三、农村经济市场化对农民收入影响的条件分位数回归结果

分位数能全面描绘收入分布的状况，通过以收入分布的分位数为被解释变量的回归也能相对直观地分析各因素在不同收入水平的边际贡献。

选择 5 个有代表性的分位点，分别是 10%、30%、50%、70% 和 90%，将其结果报告在表 6-7 和表 6-8 中，顺便也列出了 OLS 估计结果。表 6-7 是将市场化总指数作为地区市场化衡量标准的结果，表 6-8 为将市场化总指数分解为 5 个分指数时的结果。回归时对年份变量均进行了控制。对比表 6-7 和表 6-8 的结果发现，除市场化指数外的其他变量的系数方向基本一致，只是系数值的大小有差异。具体分析如下：

（1）在家庭劳动力特征变量中，人口抚养比在收入分布的各个分位数上都对农民收入有显著的负向影响，这符合基本的预期，即人口抚养比值高，说明家庭人口的抚养负担重，家庭劳动力收入压力大，自然拉低了家庭平均的收入水平。比较而言，位于低分位数的家庭人口抚养比系数的绝对值更大，说明对于低收入群体来说，家庭抚养负担对收入的影响更强。从劳动力非农劳动时间比例的影响来看，随着收入分布由低分位数向高分位数上升，劳动力非农劳动时间比例的边际效应呈现下降趋势，当收入在

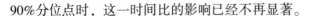

90%分位点时，这一时间比的影响已经不再显著。

（2）在人力资本变量中，平均健康水平、受教育年限、非农培训比例在各个分位点的系数都显著为正，平均健康水平对收入的影响呈"U 形"，受教育年限对收入的影响则呈"倒 U 形"，非农培训比例对于收入分布在低分位上的群体影响更大。农业培训比例对收入分布位于中位数以下的群体影响较小，甚至个别还出现负影响，但对于中位数以上群体的影响相对较大，这可能与农业知识更多来自实践有关。一般简单的种植养殖技术，低收入群体可以通过实践学习，也不太需要培训，农民是需要有更高技术含量的，对于这些技术，则需要受训者有一定的教育背景作为支撑，这对于中低收入群体来说有难度，中高收入群体在这些方面相对有教育优势。

表 6-7　分位数回归结果（地区市场化总指数）

变量	10%分位点	30%分位点	50%分位点	70%分位点	90%分位点	OLS
人口抚养比	-0.00156 *** (-33.61)	-0.00152 *** (-43.91)	-0.00154 *** (-47.43)	-0.00145 *** (-38.96)	-0.00141 *** (-24.25)	-0.00150 *** (-51.08)
非农劳动时间比例	0.00279 *** (23.31)	0.00199 *** (22.23)	0.00126 *** (15.09)	0.000731 *** (7.62)	0.0000558 (0.37)	0.00135 *** (17.93)
平均健康水平	0.111 *** (20.42)	0.0955 *** (23.60)	0.0843 *** (22.25)	0.0887 *** (20.39)	0.0950 *** (14.01)	0.0973 *** (28.48)
受教育年限	0.0388 *** (21.46)	0.0399 *** (29.55)	0.0413 *** (32.70)	0.0440 *** (30.31)	0.0404 *** (17.87)	0.0395 *** (34.69)
非农培训比例	0.00239 *** (10.02)	0.00260 *** (14.62)	0.00258 *** (15.52)	0.00226 *** (11.84)	0.00225 *** (7.56)	0.00246 *** (16.43)
农业培训比例	-0.0000567 (-0.24)	-0.000274 (-1.53)	0.000581 *** (3.47)	0.00140 *** (7.28)	0.00167 *** (5.57)	0.000677 *** (4.49)
人均耕地	0.0386 *** (34.89)	0.0342 *** (41.39)	0.0273 *** (35.31)	0.0217 *** (24.41)	0.0140 *** (10.09)	0.0264 *** (37.79)
人均生产性固定资产	0.0000233 *** (34.94)	0.0000280 *** (56.21)	0.0000315 *** (67.59)	0.0000352 *** (65.76)	0.0000380 *** (45.50)	0.0000310 *** (73.87)

续表

变量	10%分位点	30%分位点	50%分位点	70%分位点	90%分位点	OLS
国家干部户	0.160 *** (8.48)	0.180 *** (12.83)	0.211 *** (16.07)	0.210 *** (13.88)	0.126 *** (5.34)	0.184 *** (15.54)
乡村干部户	0.0279 (1.36)	0.0389 * (2.53)	0.0426 ** (2.97)	0.0444 ** (2.69)	0.0870 *** (3.38)	0.0523 *** (4.03)
党员户	0.0351 ** (3.15)	0.0547 *** (6.58)	0.0507 *** (6.52)	0.0517 *** (5.79)	0.0583 *** (4.19)	0.0554 *** (7.89)
军烈属户	0.0233 (0.87)	0.00128 (0.06)	0.00541 (0.29)	−0.00513 (−0.24)	0.00469 (0.14)	0.00258 (0.15)
五保户	−0.0744 (−1.78)	−0.111 *** (−3.57)	−0.150 *** (−5.13)	−0.117 *** (−3.49)	−0.0989 (−1.89)	−0.124 *** (−4.73)
少数民族户	0.0806 *** (5.05)	0.0480 *** (4.03)	0.0174 (1.56)	−0.00559 (−0.44)	−0.0247 (−1.24)	0.0192 (1.91)
村平均外出从业时间比例	−0.0000212 (20.33)	−0.00000983 (20.33)	0.0000614 (20.33)	−0.0000565 (20.33)	−0.000644 * (−2.34)	0.0000399 (0.29)
村平均粮食商品率	0.00256 *** (16.58)	0.00297 *** (25.76)	0.00304 *** (28.16)	0.00318 *** (25.65)	0.00336 *** (17.39)	0.00302 *** (31.07)
地区市场化总指数	0.0164 *** (44.27)	0.156 *** (56.43)	0.156 *** (60.11)	0.152 *** (51.17)	0.141 *** (30.31)	0.155 *** (66.29)
年份	控制	控制	控制	控制	控制	控制
常数项	5.869 *** (161.74)	6.388 *** (235.87)	6.731 *** (265.56)	7.011 *** (240.84)	7.538 *** (166.06)	6.712 *** (293.57)
样本数	54846					

注：***、**和*分别表示在 0.1%、1% 和 5% 的水平上显著；括号中数字为 t 统计量。

表 6-8　分位数回归结果 (地区市场化分指数)

变量	10%分位点	30%分位点	50%分位点	70%分位点	90%分位点	OLS
人口抚养比	−0.001550 *** (−33.27)	−0.00150 *** (−44.08)	−0.00154 *** (−47.00)	−0.00144 *** (−37.79)	−0.00143 *** (−25.86)	−0.00149 *** (−51.02)
非农劳动时间比例	0.00278 *** (23.19)	0.00190 *** (21.65)	0.00128 *** (15.23)	0.000730 *** (7.47)	0.0000894 (0.63)	0.00134 *** (17.78)
平均健康水平	0.106 *** (19.49)	0.0971 *** (24.36)	0.0823 *** (21.56)	0.0823 *** (18.54)	0.0902 *** (13.99)	0.0949 *** (27.81)
受教育年限	0.0403 *** (22.14)	0.0410 *** (30.75)	0.0417 *** (32.72)	0.0447 *** (30.11)	0.0408 *** (18.92)	0.0403 *** (35.37)
非农培训比例	0.00274 *** (11.46)	0.00269 *** (15.42)	0.00253 *** (15.11)	0.00227 *** (11.68)	0.00212 *** (7.49)	0.00250 *** (16.71)
农业培训比例	−0.000159 (−0.66)	−0.000451 *** (−2.55)	0.000217 (1.28)	0.00117 *** (5.94)	0.00137 *** (4.79)	0.000456 ** (3.02)
人均耕地	0.0366 *** (31.77)	0.0322 *** (38.15)	0.0258 *** (31.96)	0.0212 *** (22.52)	0.0139 *** (10.18)	0.0253 *** (34.96)
人均生产性固定资产	0.0000226 *** (33.67)	0.0000273 *** (55.57)	0.0000306 *** (65.12)	0.0000346 *** (63.42)	0.0000375 *** (47.28)	0.0000304 *** (72.35)
国家干部户	0.157 *** (8.29)	0.098 *** (14.32)	0.226 *** (17.07)	0.214 *** (13.89)	0.131 *** (5.84)	0.189 *** (16.01)
乡村干部户	0.0309 (1.50)	0.0439 ** (2.91)	0.0414 ** (2.87)	0.0384 * (2.29)	0.0845 *** (3.47)	0.0490 *** (3.80)
党员户	0.0385 *** (3.45)	0.0530 *** (6.49)	0.0608 *** (7.77)	0.0576 *** (6.32)	0.0658 *** (4.98)	0.0626 *** (8.94)
军烈属户	0.0199 (0.74)	−0.0190 (−0.96)	−0.00109 (−0.06)	−0.0264 (−1.20)	−0.00948 (−0.30)	−0.00565 (−0.34)
五保户	−0.0705 (−1.69)	−0.112 *** (−3.66)	−0.151 *** (−5.15)	−0.122 *** (−3.57)	−0.116 * (−2.35)	−0.119 *** (−4.54)

续表

变量	10%分位点	30%分位点	50%分位点	70%分位点	90%分位点	OLS
少数民族户	0.0958 *** （5.94）	0.0756 *** （6.40）	0.0437 *** （3.86）	0.0156 （1.18）	−0.0151 （−0.79）	0.0435 *** （4.30）
村平均 外出从业 时间比例	−0.000514 * （−2.27）	−0.000517 ** （−3.12）	−0.000285 （−1.79）	−0.000452 * （−2.45）	−0.000907 *** （−3.39）	−0.000362 * （−2.55）
村平均粮食 商品率	0.00274 *** （17.60）	0.00307 *** （26.88）	0.00319 *** （29.15）	0.00324 *** （25.46）	0.00345 *** （18.67）	0.00315 *** （32.25）
政府与 市场的关系	0.0696 *** （10.27）	0.0372 *** （7.49）	0.0190 *** （4.01）	0.00101 （0.18）	−0.0151 （−1.88）	0.0231 *** （5.43）
非国有经济 的发展	0.0138 *** （3.56）	0.0168 *** （5.90）	0.0172 *** （6.30）	0.0203 *** （6.42）	0.0263 *** （5.72）	0.0189 *** （7.78）
产品市场 发育程度	0.00678 （1.05）	0.0127 ** （2.68）	0.0249 *** （5.51）	0.0319 *** （6.07）	0.0338 *** （4.43）	0.0219 *** （5.42）
要素市场 发育程度	−0.0196 *** （−4.98）	−0.0146 *** （−5.07）	−0.0117 *** （−4.23）	−0.0105 ** （−3.28）	−0.00688 （−1.47）	−0.0128 *** （−5.20）
市场中介 组织的发育 程度和市场 的法治环境	0.0429 *** （20.33）	0.0485 *** （31.32）	0.0525 *** （35.44）	0.0536 *** （31.14）	0.0508 *** （20.31）	0.0506 *** （38.20）
年份	控制	控制	控制	控制	控制	控制
常数项	6.144 *** （92.36）	6.711 *** （137.79）	7.063 *** （151.43）	7.396 *** （136.37）	7.922 *** （100.60）	7.045 *** （169.02）
样本数	54846	54846	54846	54846	54846	54846

注：***、** 和 * 分别表示在 0.1%、1% 和 5% 的水平上显著；括号中数字为 t 统计量。

（3）物质资本变量人均耕地和人均生产性固定资产的系数全部显著，但两者的分布截然相反。随着收入分布由低分位数向高分位数上升，人均

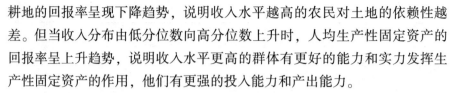

耕地的回报率呈现下降趋势，说明收入水平越高的农民对土地的依赖性越差。但当收入分布由低分位数向高分位数上升时，人均生产性固定资产的回报率呈上升趋势，说明收入水平更高的群体有更好的能力和实力发挥生产性固定资产的作用，他们有更强的投入能力和产出能力。

（4）社会资本包含的变量有的显著，有的不显著，总的来看，这些变量系数变化范围不大，多数围绕在 OLS 估计值附近。其中，国家干部户、乡村干部户、党员户、少数民族户的系数显著为正，五保户系数为负，军烈属户系数不显著。

（5）村庄市场化变量衡量了本村庄的市场化程度。其中，村平均外出从业时间比例对农民收入影响较小，在不同分位点也没有显著差异。村平均粮食商品率对所有收入分位点的农民均有显著的边际贡献，并且随着收入分布由低到高，边际贡献越来越大，在 90%分位数边际效应最大。

（6）地区市场化的指标分为总指数和分指数，总指数的分值也是依据分指数汇总后得出的，因此在回归时两者不能同时放入。从总指数来看，总体呈现正向影响，但对于处于收入低分位点的样本影响更大，说明地区市场化程度越高，越有利于低收入群体的收入。从分指数的影响来看，政府与市场的关系只对中低分位点的样本有正向作用。非国有经济的发展、产品市场发育程度以及市场中介组织的发育程度和市场的法治环境对农民收入的影响大多是显著正向影响。随着收入增加，产品市场发育程度的边际效应增大。市场中介组织的发育程度和市场的法治环境对收入的影响呈"倒 U 形"，说明其对中间收入群体的影响更明显。要素市场发育程度在所有分位点上都表现出负向效应，这说明我国要素市场（主要是金融业发展和劳动力市场发育）对农民收入起到的积极作用不明显，这从我国农村金融机构变身农村资金抽水机，很难实质性支持农业发展的现实得到验证。

对比表 6-8 的数据，我们得到几点发现：人口抚养负担轻的农户，以及拥有更多人力资本、物质资本和社会资本的农户收入水平显著较高。所处地区的市场化程度越高和本村庄的市场化程度越高，对农民收入的作用越大。

四、农村经济市场化对农民收入影响的无条件分位数回归结果

通过条件分位数回归，可以得到不同分位上的回归参数，了解被解释变量条件分布在不同分位上对解释变量变动存在的反应差异。如前所述，条件分位数回归仍有局限，主要是条件分位的偏效应只能表示解释变量对被解释变量条件分布影响的程度，并不能展现解释变量对被解释变量分布的效应，不能反映解释变量分布变动对被解释变量分布变动的边际影响（郭继强等，2011）。也就是说，条件分布不能反映解释变量分布变化对农民收入分布的影响，只有当总体中所有劳动力有相同的可观测特征时，收入的条件分布才同时又是收入的无条件分布。无条件分位数回归系数考察的是在没有保持控制变量不变的情况下，市场化对农民收入的影响。表6-9和表6-10分别汇报了地区市场化总指数和地区市场化分指数对农民收入的RIF固定效应回归结果。

对于变量之间的内生性，该模型进行了较好的处理。内生性来源于两个方面：一是收入可能会对人力资本等变量产生影响，高收入群体一般有更好的人力资本、物质资本及社会资本。二是农民收入可能与其自身不可观测的能力等有关系，即存在遗漏变量。这两种情况都可能造成内生性问题。对此，RIF回归下使用固定效应模型可以较好地处理这个问题。一方面，本部分研究采用的是面板数据，面板数据本身有助于解决遗漏变量问题，在RIF回归中引入固定效应，也有助于解决不随时间而变但随个体而异的遗漏变量问题，其所得到的结果更为稳健。另一方面，同前面条件分位数回归类似，对于一些难以观察，但可能影响农民收入的因素，均以对应的代理变量进行替代，以此减少内生性。

条件分位数回归考察的是条件边际影响，而无条件分位数回归考察的是无条件边际影响，所以两者的结果可能会有所差异。对比表6-9、表6-10和前面的表6-7、表6-8发现，两者结果确实有所不同。具体分析如下：

表 6-9 RIF 固定效应回归结果（地区市场化总指数）

变量	RIF_10%	RIF_20%	RIF_30%	RIF_40%	RIF_50%	RIF_60%	RIF_70%	RIF_80%	RIF_90%
人口抚养比	-0.00120***	-0.00117***	-0.00110***	-0.00111***	-0.00104***	-0.000967***	-0.000991***	-0.000871***	-0.000903***
	(-7.60)	(-11.19)	(-12.70)	(-14.80)	(-15.65)	(-14.65)	(-14.24)	(-11.47)	(-9.72)
非农劳动时间比例	0.00306***	0.00269***	0.00219***	0.00206***	0.00169***	0.00159***	0.00127***	0.000947***	0.000598*
	(11.63)	(13.37)	(12.35)	(12.32)	(10.67)	(9.82)	(7.27)	(4.64)	(2.08)
平均健康水平	0.0595***	0.0589***	0.0586***	0.0541***	0.0464***	0.0420***	0.0424***	0.0449***	0.0500***
	(3.49)	(4.92)	(5.91)	(5.84)	(5.29)	(4.78)	(4.47)	(4.21)	(3.44)
受教育年限	0.0388***	0.0307***	0.0289***	0.0238***	0.0187***	0.0175***	0.0120**	0.00740	0.0132
	(7.24)	(7.10)	(7.24)	(6.38)	(5.01)	(4.48)	(2.72)	(1.45)	(1.81)
非农培训比例	-0.0000895	0.000547	0.000796*	0.000975**	0.000870*	0.000642	0.000712	0.000646	0.0000161
	(-0.19)	(1.37)	(2.16)	(2.79)	(2.47)	(1.75)	(1.76)	(1.37)	(0.02)
农业培训比例	0.000612	0.000396	0.000225	0.000155	0.0000275	-0.000159	0.000167	-0.000279	-0.000209
	(1.36)	(1.03)	(0.66)	(0.49)	(0.09)	(-0.49)	(0.44)	(-0.66)	(-0.36)
人均耕地	0.0395***	0.0386***	0.0393***	0.0417***	0.0439***	0.0462***	0.0501***	0.0529***	0.0581***
	(11.96)	(14.27)	(16.54)	(17.79)	(18.67)	(18.48)	(17.75)	(14.76)	(11.34)
人均生产性固定资产	0.00000211	0.00000276*	0.0000343***	0.00000553***	0.00000731***	0.0000111***	0.0000157***	0.0000232***	0.0000396***
	(1.68)	(2.42)	(3.25)	(5.14)	(6.75)	(9.26)	(11.34)	(12.55)	(12.21)
国家干部户	0.0773*	0.0359	0.0529*	0.0417	0.0477*	0.0228	-0.00836	0.00302	0.0242
	(2.48)	(1.36)	(2.19)	(1.83)	(2.11)	(0.96)	(-0.32)	(0.10)	(0.60)

续表

变量	RIF_10%	RIF_20%	RIF_30%	RIF_40%	RIF_50%	RIF_60%	RIF_70%	RIF_80%	RIF_90%
乡村干部户	0.0368 (1.10)	0.0290 (1.12)	0.0580* (2.49)	0.0246 (1.05)	0.0229 (0.93)	0.0356 (1.45)	-0.00765 (-0.29)	0.0103 (0.32)	-0.00968 (-0.21)
党员户	0.0107 (0.57)	0.00518 (0.32)	0.0124 (0.85)	0.0141 (0.99)	0.0000456 (0.00)	0.0128 (0.88)	-0.0118 (-0.75)	-0.0265 (-1.42)	-0.00993 (-0.39)
军烈属户	0.0889* (2.15)	0.0733* (2.01)	0.00330 (0.10)	0.00517 (0.16)	-0.0296 (-0.96)	-0.0280 (-0.89)	-0.0310 (-0.93)	-0.0249 (-0.66)	0.0208 (0.38)
五保户	-0.0581 (-0.85)	-0.0340 (-0.71)	0.0473 (1.20)	0.0158 (0.42)	-0.0257 (-0.72)	0.00247 (0.07)	0.00402 (0.11)	0.00149 (0.04)	-0.0272 (-0.49)
少数民族户	0.0519 (1.25)	-0.0253 (-0.70)	-0.0486 (-1.62)	-0.00532 (-0.18)	-0.0283 (-0.96)	-0.0201 (-0.67)	-0.00495 (-0.16)	-0.0256 (-0.73)	0.0351 (0.73)
村平均外出从业时间比例	0.000776 (1.28)	0.000734 (1.47)	0.000315 (0.70)	0.0000635 (0.15)	-0.000160 (-0.40)	0.000260 (0.62)	-0.000265 (-0.58)	-0.000665 (-1.18)	-0.00102 (-1.36)
村平均粮食商品率	0.000874 (1.73)	0.000909* (2.18)	0.00143*** (3.91)	0.00129*** (3.87)	0.00104** (3.21)	0.00129*** (3.98)	0.00112*** (3.44)	0.000330 (0.91)	-0.000614 (-1.33)
地区市场化总指数	-0.0727*** (-4.12)	-0.0895*** (-5.95)	-0.0666*** (-4.91)	-0.0406** (-3.02)	-0.00792 (-0.61)	0.0462*** (3.37)	0.0911*** (5.81)	0.105*** (5.70)	0.128*** (5.09)
常数项	7.554*** (52.05)	7.887*** (68.66)	7.993*** (78.79)	8.069*** (81.69)	8.172*** (86.14)	8.057*** (82.30)	8.079*** (73.10)	8.343*** (64.56)	8.585*** (48.17)

注：样本数为54846；***、** 和 * 分别表示在 0.1%、1%和 5%的水平上显著；括号中数字为t统计量。

表 6-10 RIF 固定效应回归结果 (地区市场化分指数)

变量	RIF_10%	RIF_20%	RIF_30%	RIF_40%	RIF_50%	RIF_60%	RIF_70%	RIF_80%	RIF_90%
人口抚养比	-0.00119 ***	-0.00117 ***	-0.00111 ***	-0.00112 ***	-0.00105 ***	-0.000977 ***	-0.00100 ***	-0.000881 ***	-0.000912 ***
	(-7.56)	(-11.16)	(-12.76)	(-14.90)	(-15.82)	(-14.87)	(-14.50)	(-11.62)	(-9.85)
非农劳动时间比例	0.00307 ***	0.00270 ***	0.00219 ***	0.00207 ***	0.00169 ***	0.00158 ***	0.00126 ***	0.000934 ***	0.000581 *
	(11.66)	(13.42)	(12.39)	(12.34)	(10.66)	(9.81)	(7.24)	(4.59)	(2.03)
平均健康水平	0.0593 ***	0.0584 ***	0.0578 ***	0.0529 ***	0.0452 ***	0.0409 ***	0.0415 ***	0.0441 ***	0.0491 ***
	(3.47)	(4.88)	(5.82)	(5.71)	(5.16)	(4.67)	(4.40)	(4.15)	(3.39)
受教育年限	0.0377 ***	0.0297 ***	0.0284 ***	0.0239 ***	0.0192 ***	0.0185 ***	0.0137 ***	0.00934 ***	0.0156 *
	(7.05)	(6.88)	(7.12)	(6.38)	(5.14)	(4.73)	(3.10)	(1.83)	(2.15)
非农培训比例	-0.0000911	0.000514	0.000775 *	0.000982 **	0.000883 *	0.000675	0.000758	0.000730	0.000142
	(-0.20)	(1.29)	(2.11)	(2.82)	(2.51)	(1.84)	(1.88)	(1.55)	(0.21)
农业培训比例	0.000711	0.000473	0.000293	0.000211	0.0000448	-0.000174	0.000102	-0.000343	-0.000264
	(1.59)	(1.24)	(0.86)	(0.66)	(0.14)	(-0.53)	(0.27)	(-0.81)	(-0.45)
人均耕地	0.0395 ***	0.0389 ***	0.0396 ***	0.0419 ***	0.0440 ***	0.0462 ***	0.0500 ***	0.0526 ***	0.0577 ***
	(11.97)	(14.31)	(16.58)	(17.78)	(18.66)	(18.39)	(17.62)	(14.56)	(11.18)
人均生产性固定资产	0.00000222	0.00000295 **	0.00000369 ***	0.00000584 ***	0.00000757 ***	0.0000113 ***	0.0000158 ***	0.0000233 ***	0.0000397 ***
	(1.77)	(2.60)	(3.52)	(5.45)	(7.03)	(9.41)	(11.32)	(12.48)	(12.16)
国家干部户	0.0780 *	0.0365	0.0530 *	0.0413	0.0469 *	0.0218	-0.00991	0.00138	0.0221
	(2.50)	(1.38)	(2.20)	(1.81)	(2.08)	(0.92)	(-0.39)	(0.05)	(0.55)
乡村干部户	0.0359	0.0281	0.0571 *	0.0248	0.0234	0.0365	-0.00689	0.0120	-0.00833
	(1.08)	(1.09)	(2.46)	(1.06)	(0.95)	(1.49)	(-0.26)	(0.37)	(-0.18)
党员户	0.00973	0.00403	0.0115	0.0136	0.0000114	0.0133	-0.0106	-0.0249	-0.00833
	(0.51)	(0.25)	(0.78)	(0.96)	(0.00)	(0.92)	(-0.68)	(-1.34)	(-0.31)

续表

变量	RIF_10%	RIF_20%	RIF_30%	RIF_40%	RIF_50%	RIF_60%	RIF_70%	RIF_80%	RIF_90%
军烈属户	0.0899* (2.18)	0.0743 (2.04)	0.00398 (0.12)	0.00537 (0.17)	-0.0298 (-0.97)	-0.0287 (-0.92)	-0.0323 (-0.97)	-0.0265 (-0.70)	0.0190 (0.35)
五保户	-0.0589 (-0.86)	-0.0351 (-0.73)	0.464 (1.17)	0.0153 (0.40)	-0.0258 (-0.72)	0.00288 (0.08)	0.00482 (0.13)	0.00285 (0.07)	-0.0256 (-0.46)
少数民族户	0.0504 (1.22)	-0.0251 (-0.69)	-0.0477 (-1.59)	-0.00360 (-0.12)	-0.0262 (-0.89)	-0.0181 (-0.61)	-0.00318 (-0.10)	-0.0244 (-0.69)	0.0351 (0.72)
村平均外出从业时间比例	0.0000643 (0.10)	-0.0000361 (-0.07)	-0.000313 (-0.68)	-0.000224 (-0.52)	-0.000153 (-0.37)	0.000633 (1.49)	0.000500 (1.09)	0.000396 (0.71)	0.000223 (0.30)
村平均粮食商品率	0.000696 (1.38)	0.000730 (1.76)	0.00126*** (3.45)	0.00119** (3.57)	0.00101** (3.10)	0.00133*** (4.11)	0.00124*** (3.78)	0.000516 (1.42)	-0.000435 (-0.94)
政府与市场的关系	0.0631*** (3.29)	0.0176 (1.19)	-0.00931 (-0.74)	-0.0315** (-2.67)	-0.0553*** (-4.99)	-0.0618*** (-5.51)	-0.0852*** (-7.04)	-0.0671*** (-4.94)	-0.0541* (-2.95)
非国有经济的发展	0.00574 (0.32)	0.0494*** (3.36)	0.0547*** (4.24)	0.0290* (2.36)	0.0245* (2.08)	0.00165 (0.14)	-0.0107 (-0.82)	-0.0658*** (-4.21)	-0.102*** (-4.49)
产品市场发育程度	0.0326 (1.66)	0.0362* (2.15)	0.0636*** (4.05)	0.0899*** (5.75)	0.0796*** (5.00)	0.0716*** (4.34)	0.0509** (2.77)	0.0518* (2.40)	0.0675* (2.20)
要素市场发育程度	-0.0291** (-3.27)	-0.0240** (-3.07)	-0.0228** (-3.16)	-0.00979 (-1.40)	-0.00113 (-0.16)	0.0115 (1.61)	0.0161* (2.04)	0.0223* (2.49)	0.0101 (0.81)
市场中介组织的发育程度和市场的法治环境	-0.0300*** (-5.18)	-0.0288*** (-6.40)	-0.0176*** (-4.38)	-0.00910* (-2.31)	0.00466 (1.21)	0.0207*** (5.12)	0.0404*** (8.97)	0.0407*** (7.68)	0.0493*** (6.73)
常数项	6.608*** (32.40)	6.884*** (40.27)	7.026*** (44.97)	7.260*** (47.08)	7.749*** (50.54)	8.073*** (50.97)	8.670*** (48.69)	9.150*** (43.55)	9.521*** (31.38)

注：样本数为54846；***、**和*分别表示在0.1%、1%和5%的水平上显著；括号中数字为t统计量。

（1）家庭劳动力特征变量。在家庭劳动力特征变量中，人口抚养比也对农民收入呈现显著负影响，位于分布下端的家庭人口抚养比系数更大，家庭抚养负担对收入的影响更强。劳动力非农劳动时间比例呈现正向效应，并且也是随着收入分布由低分位数向高分位数上升，劳动力非农劳动时间比例的边际效应下降。总之，家庭劳动力特征变量的影响与 CQR 结论基本一致。

（2）人力资本变量。平均健康水平在各个分位点的系数都显著为正，对收入分布在低分位上的群体影响更大，说明对收入相对低的农民而言，健康对收入的作用很大，这也是要防止农民"因病致贫"的重要原因。教育的影响与健康水平类似，不同的是教育对于收入分布在高分位上的农民影响不再显著。这说明对农民而言，一定年限的教育作为基础是必要的，但当收入达到一定水平时，教育的边际贡献就不再显著了，这或许可以侧面反映为什么"读书无用论"在农村一直有市场。平均健康水平和受教育年限变量的影响与 CQR 结论类似，但非农培训比例和农业培训比例的影响在 RIF 固定效应回归中系数几乎不显著，仅非农培训比例对收入分布在中偏下分位点上（30%、40%、50%）的群体有显著正向影响。

（3）物质资本变量。人均耕地和人均生产性固定资产的系数全部显著，这与 CQR 结论一致。在 RIF 回归中，这两个变量均随着收入分布由低分位数向高分位数上升，回报率逐渐上升。

（4）社会资本变量的系数多数不显著，只有国家干部户、乡村干部户等的系数在少数几个分位点是显著的，这与 CQR 多数显著的结论不一样。

（5）村庄市场化变量。村平均外出从业时间比例在 CQR 模型中对农民收入影响较小，在 RIF 回归中不显著。村平均粮食商品率在 CQR 中对所有收入分位点的农民均有显著的边际贡献，在 RIF 回归中，除了位于收入分布下尾部和上尾部的个别分位点系数不显著外，其他分位点系数均显著为正。可见，粮食商品率的影响很重要，因为粮食商品率是对村庄产品市场发育程度的度量，是相对较为客观衡量一个村庄市场化程度的变量，而不像平均外出从业时间比例是代理变量，仅能作为劳动力参与非农劳动和劳动力流动性的替代指标。同时，由于在 RIF 回归中考察的是无条件边际影响，所以两个回归结论不完全一致也是正常的(Firpo et al.，2009)。

(6) 地区市场化。从地区总指数的系数来看，不同分位点的系数方向不一样。对于处于收入低分位点的样本来说，地区市场化程度与收入呈负向关系，而当大于等于60%分位点时，地区市场化程度的系数为正。从分指数的影响来看，政府与市场的关系只对10%分位点的样本有正向作用，当大于等于40%分位点时，有显著负向效应。非国有经济的发展对20%、30%、40%和50%分位点这些中偏下分布的群体有显著的正向边际影响，其对于高分位点(80%、90%)的影响显著为负。产品市场发育程度对农民收入的影响在各个分位数上几乎都是显著正向的，这与CQR回归的结论是一致的，也与前面村平均粮食商品率的结论保持一致，说明产品市场发育对收入分布在各个分位点的群体都是有益的。要素市场发育程度对处于收入分布低端(10%、20%、30%分位点)的农民是显著不利的，说明他们不能从要素市场发育中获益，但对于个别高分位点(70%、80%)群体有显著正向作用。市场中介组织的发育程度和市场的法治环境对收入的影响随着收入分布由低到高出现了差异，对于收入分布下端的群体，边际效应也是显著为负的，对于高分位点的群体显著有利，这与要素市场发育程度的结论相似。

五、农村经济市场化对农民收入影响的地区差异

通过条件分位数回归和无条件分位数回归结果可以看出，地区经济市场化和村庄市场化程度确实对收入分布不同分位点的群体有不同影响。从农民收入的地区差距就可以预见，收入分布的高、中、低群体其实与依据东、中、西三大经济带划分的样本会有很强的重合度。地区市场化和村庄市场化对处于不同区域的农民的收入又会有怎样的影响呢？我们可以通过将样本按区域分割后再回归的方法进一步观察，结果如表6-11所示。此处使用了面板固定效应估计，表6-11中同时附上了总体的回归结果作为参考。

表 6-11　面板固定效应模型分地区回归结果

变量	地区市场化总指数				地区市场化分指数			
	总体	东部地区	中部地区	西部地区	总体	东部地区	中部地区	西部地区
人口抚养比	-0.00108*** (-28.94)	-0.000934*** (-16.09)	-0.00118*** (-23.39)	-0.000873* (-4.81)	-0.00109*** (-29.05)	-0.000924*** (-15.92)	-0.00120*** (-23.73)	-0.00104*** (-5.92)
非农劳动时间比例	0.00183*** (23.86)	0.00119*** (9.27)	0.00215*** (21.89)	0.00205* (5.14)	0.00183*** (23.85)	0.00118* (9.22)	0.00216*** (22.01)	0.00237* (6.16)
平均健康水平	0.0577*** (12.86)	0.0680*** (8.85)	0.0534*** (9.38)	0.0513* (2.12)	0.0571*** (12.72)	0.0652*** (8.49)	0.0524*** (9.22)	0.0474*** (2.14)
受教育年限	0.0201*** (11.40)	0.0172*** (6.04)	0.0223*** (9.63)	0.0203* (2.25)	0.0206*** (11.64)	0.0180*** (6.31)	0.0229*** (9.86)	0.0223* (2.57)
非农培训比例	0.000592*** (3.42)	0.000220 (0.76)	0.000702*** (3.02)	0.000635 (1.11)	0.000620*** (3.58)	0.000257 (0.88)	0.000724** (3.12)	0.000582 (1.05)
农业培训比例	0.000162 (1.02)	-0.000453 (-1.48)	0.000261 (1.27)	0.000299 (0.68)	0.000175 (1.11)	-0.000493 (-1.61)	0.000302 (1.46)	-0.0000856 (-0.20)
人均耕地	0.0465*** (45.22)	0.0484*** (16.53)	0.0464*** (41.62)	0.0621* (2.54)	0.0464*** (45.21)	0.0483*** (16.49)	0.0467*** (41.82)	0.111*** (4.68)
人均生产性固定资产	0.0000163*** (30.25)	0.0000150*** (15.94)	0.0000174*** (25.91)	0.00000737* (2.29)	0.0000164*** (30.46)	0.0000148*** (15.82)	0.0000177*** (26.39)	0.00000639* (2.24)

续表

变量	地区市场化总指数				地区市场化分指数			
	总体	东部地区	中部地区	西部地区	总体	东部地区	中部地区	西部地区
国家干部户	0.0405** (3.19)	0.0365 (1.85)	0.0470** (2.81)	-0.0602 (-0.58)	0.0399** (3.15)	0.0358 (1.82)	0.0462* (2.77)	0.000457 (2.24)
乡村干部户	0.00960 (0.70)	0.00640 (0.28)	0.0181 (1.02)	-0.0967 (-1.38)	0.00980 (0.71)	0.00492 (0.21)	0.0194 (1.10)	-0.115 (-1.70)
党员户	-0.000112 (-0.01)	-0.00950 (-0.74)	0.00304 (0.28)	0.0483 (1.07)	0.0000557 (0.01)	-0.00907 (0.71)	0.00250 (0.23)	0.0519 (1.19)
军烈属户	0.0135 (0.81)	0.0135 (0.44)	0.0100 (0.48)	0.00550 (0.08)	0.0133 (0.79)	0.0121 (0.39)	0.00994 (0.48)	-0.0164 (-0.24)
五保户	0.00338 (0.16)	-0.0377 (-0.82)	0.00821 (0.33)	0.0236 (0.26)	0.00348 (0.16)	-0.0440 (-0.96)	0.00997 (0.40)	-0.0193 (-0.22)
少数民族户	0.00118 (0.07)	0.0322 (1.25)	-0.0214 (-0.97)	0.00398 (0.05)	0.00163 (0.10)	0.0284 (1.11)	-0.0192 (-0.87)	-0.0190 (-0.25)
村平均外出从业时间比例	0.000137 (0.69)	-0.000312 (-1.01)	0.000473 (1.78)	-0.0115*** (-4.83)	0.000243 (1.20)	0.0000824 (-0.26)	0.000586* (2.19)	-0.00943*** (5.63)
村平均粮食商品率	0.000752*** (4.49)	-0.000601** (-2.41)	0.00174*** (7.50)	0.00309* (2.49)	0.000739*** (4.40)	-0.000703*** (-2.81)	0.00164*** (7.03)	-0.000177 (-0.14)

续表

变量	地区市场化总指数				地区市场化分指数			
	总体	东部地区	中部地区	西部地区	总体	东部地区	中部地区	西部地区
地区市场化总指数	0.0106 (1.60)	0.0217* (2.51)	-0.0140 (-1.27)	0.133* (2.24)				
政府与市场的关系					-0.0187** (-3.27)	-0.000787 (-0.81)	-0.0192* (-2.54)	0.518*** (3.77)
非国有经济的发展					-0.00802 (-1.30)	-0.0481* (-4.03)	0.0195 (1.57)	-0.306 (-1.73)
产品市场发育程度					0.0475*** (5.25)	0.0414* (2.21)	0.0870*** (6.86)	-0.249*** (-3.55)
要素市场发育程度					-0.00376 (-1.10)	-0.0165** (-2.74)	-0.0123* (-2.52)	1.615*** (1.78)
市场中介组织的发育程度和市场的法治环境					0.00630** (3.14)	0.00847** (2.87)	-0.0121** (-3.14)	-0.648*** (-3.60)
年份	控制	控制	控制	控制	控制	控制	控制	控制
常数项	8.078*** (170.16)	8.193*** (109.01)	8.067*** (118.54)	7.432*** (20.51)	7.934*** (94.34)	8.462*** (42.66)	7.432*** (61.57)	3.627*** (1.37)
样本数	54846	19648	33017	2181	54846	19648	33017	2181

注：***、**和*分别表示在 0.1%、1%和 5%的水平上显著；括号中数字为 t 统计量。

现简单归纳一下分地区的结果：

（1）在家庭劳动力特征变量中，人口抚养比对东、中、西部地区农民收入均呈负向影响，对中部地区的影响最大，东部其次，对西部地区影响最小。非农劳动时间比例对东、中、西部地区农民收入也都呈正向影响。

（2）在人力资本的影响方面，平均健康水平对所有地区农民收入的影响都是正向显著的。受教育年限对所有地区的农民收入都表现出正向影响，并且地区间差别不大，说明不论地区经济发展程度如何，教育都发挥了很重要的作用。非农培训比例对总样本有正向影响，但分地区来看，差别较大，其中对中部地区影响最大，这说明对中部农业主产省开展非农业技术方面的培训有更为实际的意义。农业培训比例对各分地区农民收入的影响不显著。

（3）物质资本中人均生产性固定资产对中部地区影响最大，因为中部地区农民的人均耕地最多，家庭经营相对更加需要土地和资本的投入，这也相应体现在了收入上。各类社会资本的影响基本不太显著，只有中部地区的国家干部户有显著的正向影响。

（4）在村庄市场化变量中，村平均外出从业时间比例对西部农民收入的影响显著为负。村平均粮食商品率对东部地区农民收入有显著负向影响，但对中部、西部地区农民收入有显著正向影响。总的地区市场化程度对东部地区和西部地区产生了显著的正向影响，但分项指标影响有较大的差异。例如，政府与市场的关系对整体的影响是显著负向的，对中部地区是显著负向影响，但对西部地区有显著的正向效应。这说明还没有真正发挥好市场的作用。非国有经济的发展对东部地区农民收入产生了显著的负向作用，对其他地区的作用不显著。产品市场发育程度是在 CQR 和 RIF 回归中都有重要作用的一项变量，在分地区回归时发现，只有西部地区产品市场发育程度对农民收入的影响是显著为负的，说明西部地区的农民没有从产品市场发育中获益，这可能是因为当地农民发展农业的很大目的还是解决粮食自给的问题。在三个地区中，西部地区农民平均的粮食商品率最低，2014 年仅有 40.6%，与东部和中部地区 77% 左右的水平相比，差距太大，与东部地区 2005 年的水平相比也要落后十几个百分点。要素市场发育程度对东部、中部地区农民收入有显著的负向影响，对西部地区影响为

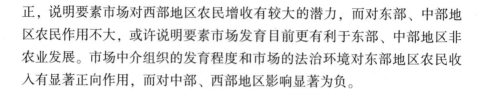

正，说明要素市场对西部地区农民增收有较大的潜力，而对东部、中部地区农民作用不大，或许说明要素市场发育目前更有利于东部、中部地区非农业发展。市场中介组织的发育程度和市场的法治环境对东部地区农民收入有显著正向作用，而对中部、西部地区影响显著为负。

六、结果讨论

对比前面几类回归结果可以发现，村庄市场化对农民收入的影响系数要显著低于地区市场化，说明对农民收入产生决定性作用的其实不在于本村庄，而更取决于地区经济的发展程度和市场化进程。在村庄市场化指标中，村平均粮食商品率是产生正向影响的重要变量，说明对农民而言，本村粮食市场或农产品市场的发育程度对农民收入起到了关键作用，通过物流设施建设、批发市场建设、发展农产品销售中介组织等提高农村本地的商品流通率将对农民收入提高产生积极影响。在地区市场化的分项指标中，可以发现政府与市场的关系、非国有经济的发展与农民收入的直接关系不大，甚至有时候还产生负向影响，因为这些市场化因素更多是与非农经济有直接联系。市场中介组织的发育程度和市场的法治环境主要测度的是市场中介组织的发育程度、维护市场法治环境和知识产权保护等，与农业经济的关系也稍远，但在 RIF 回归中发现，对于收入分布下端的群体，其边际效应也是显著为负，对于高分位点的群体显著有利，说明法律环境、中介组织发展对农民的高收入群体更为有利。产品市场和要素市场发育程度对农民收入有较为重要的意义。不管是在 CQR 还是在 RIF 回归中，均发现要素市场发育程度对农民收入有不利影响，其中，在 CQR 中，所有分位点上都表现出负向效应，在 RIF 回归结论里，要素市场发育程度对处于收入分布低端(10%、20%、30%分位点)的农民显著不利，这说明我国要素市场特别是金融业发展和劳动力市场发育对农民收入起到的积极作用不明显。

第七章
中高收入阶段国家收入再分配经验
——以美国为例

通过中高收入国家农业劳动相对收入的变化分析，我们认识到农民收入问题的解决需要经过历史的沉淀。目前处于高收入阶段的发达国家在收入的初次分配时实际差异也很大，它们是通过再分配政策实现了相对均等化的收入分配。作为农业大国，美国的农业保护政策已经实施了将近百年的时间。美国为什么会在 20 世纪 20 时代开始对农民收入和农业发展进行干预？后续农业政策的演变又有什么背后机理？我们从中可以得到哪些经验借鉴？本章将主要回答这几个问题。

第一节　美国农业补贴政策的出台背景

在出台农业补贴政策之前，美国农业经历了一战前黄金时期、战时和战后初期的繁荣时期及战后萧条期等几个时期的发展。为解决一战后的美国农业危机，以《麦克纳里-霍根议案》（McNary-Haugen Bill）为代表的农业干预政策浮出水面，虽然该计划没有正式成为法律，但却为美国农业补贴政策的出台奠定了基础，也为改善农民收入掀起了历史新篇章。

一、美国农业繁荣时期的农民就业与收入状况

19 世纪三四十年代，美国已开始农业半机械化作业。南北战争后，伴随着工业革命的飞速发展，大量农业人口涌入城市，农业劳动力急

剧减少。1870 年美国农业劳动力占劳动力总数的 51.5%，1910 年时仅占 32.5%（Kuznets 和 Thomas，1984）。19 世纪末到一战爆发前，美国农业经历了内战以来最长时间的繁荣时期。这一时期美国农产品产量、价格双升，农民收入增加。1897~1910 年，农产品价格保持了平稳增长，并且价格的上涨幅度也远超过非农产品（李赓，2016）。一战的爆发进一步刺激了农产品价格和产量的增长，也为农业规模的无限制扩张埋下了祸根。

受战时生产惯性的影响，美国农业生产扩张的步伐并没有停止。在技术进步和机械替代劳力的刺激作用下，美国粮食单产水平不断提高，1919 年的小麦产量比一战前五年的平均水平还高 1/3，单价比一战前五年的平均水平提高了 1.5 倍（Landsberg and Hans，1942）。在产量和价格的双重影响下，美国农民的收入水平也达到了新高度。1919 年农场主的净收入为 90.78 亿美元，比一战前五年的平均值还要高出 1.3 倍。

二、农业危机与农民收入改善政策雏形

好景不长，很快美国就出现了农业危机。农业危机的产生有技术进步的原因，但更重要的是受到国内外农产品需求变化的影响。一战后，随着欧洲农业恢复，欧洲对美国农产品的需求下降，许多农场的经营陷入困境。为了解决此时的农业萧条问题，美国出台了《麦克纳里-霍根议案》。这是美国政府为解决当时的农业问题而采取的措施。该议案的基础是皮克（George N. Peek）和约翰逊（Hugh S. Johnson）的"农业平等"计划，该计划的核心思想是农产品过剩导致价格低落，而工业品受关税保护却保持高价格，农民因而处于工农业产品比价的不利位置。他们建议的解决方案是将剩余农产品以世界价格出口，以保证国内市场稳定，出口损失以单位农产品为基础计算，向农民征收均衡费。这种价格干预措施美国的钢铁、石油企业都曾使用过，但农业行业过于分散，因而迫切需要政府的介入。

《麦克纳里-霍根议案》的目标是提高国内农产品价格，它的提出标志着美国政府试图介入农产品定价和销售，其本质是提高农民收入，使工业与农业产品的价格比处于相对公平的位置。因此，议案中提出需要确定一个比率价格来界定农产品与其他产品的价格关系。多数时候比率价格是高于市场价格的，所以可以看出这一政策设计的出发点是解决农民福利问题。议案中比率价格的提法让农民对美国农业再度恢复至繁荣时期充满了想象，并且得到他们的支持。但议案的实操性受到质疑，特别是确定和实施比率价格的过程过于复杂，这种价格管制的方法让人担心是否会刺激生产。总体来看，议案是一种价格管制方式，它对生产控制的设计不多，对农民生产的管理更多停留在自愿基础上，这使得议案控制剩余农产品的作用很有限。虽然该议案最终没有通过，但为后续农业补贴政策的建立埋下了伏笔。

当时围绕《麦克纳里-霍根议案》争论的主要是三方力量，分别是东北部的工商业团体、中西部的农业团体和南部的农业团体。议案以改变工农业产品不合理的比价关系为目标，自然会遭到东北部工商业团体的反对。中西部地区以生产小麦、玉米、养殖生猪等传统农产品为主，这些产品受战时刺激的影响较大，生产过剩带来的损失也比较严重，因此农民要求政府管制的呼声最为强烈，议案支持者主要是来自中西部地区的农民和组织。南部地区的农业团体最初属于摇摆不定的力量，议案开始在国会没有通过，其中的一个重要原因是没有获得南部"棉花州"的支持，这也反映出农业力量缺乏组织性，从而为反对者提供了机会。后来随着棉花价格暴跌，南部农业团体最终加入了支持者阵营。议案最终被当时的美国总统柯立芝否决，没有成为法律，但却由此拉开了美国农业救济运动的序幕。议案的提出和修订过程有两个重大意义：一是成功打破了地区和农业组织的边界，将农业力量集中起来，形成了强有力的农业游说团体，成立了美国农业委员会(American Council of Agriculture)；二是使政府开始将注意力转向农业问题，也让联邦政府明白要平衡农业与其他产业的地位，要对美国农民的福利负责。

第二节　农业补贴政策演进与农民收入变化

一、以市场干预和农业保护为主要特征的补贴时期

（一）大萧条时期农业补贴政策的确立（20世纪30年代）

1929~1933年的经济大萧条给美国经济造成沉重打击。1928~1932年，美国农产品生产者价格指数下跌了一半多，农场主的现金收入由1929年的113亿美元下降到1932年的17.5亿美元，农场纯收入由61.5亿美元减至20.3亿美元（徐更生，1996）。这一时期工业部门以缩减生产的办法减少供应，而农业作为周期性极强的产业却不能说停就停。受到下游产业的挤压，这个时期工农业产品的比价关系进一步恶化，农业生产仅下降了6%，价格却跌了63%，而工业机械生产减少80%，价格却只降了6%。1930~1935年，美国农场总数仍在增加，增加了约52.4万个，增幅8.3%，不过新增农场中大部分是占地3~19亩的中等规模农场，约占到2/3。从此时的农场规模来看，1935年1月，美国约1/5（18.4%）的农场是20亩以下规模，20~49亩、50~99亩和100~174亩的分别占到21.2%、21.2%和20.6%，175亩及以上规模的农场仅占18.6%。1850~1935年，美国农场的平均规模经历了先减后增的变化，但20世纪初期至1935年，农场的平均规模总体仍在增加（见表7-1），扩大规模成为农场主们增加收入的重要途径。

表7-1　美国农场平均土地面积

年份	平均土地面积（亩）
1850	202.6
1860	199.2

续表

年份	平均土地面积（亩）
1870	153.3
1880	133.7
1890	136.5
1900	146.2
1910	138.1
1920	148.2
1925	145.1
1930	156.9
1935	154.8

资料来源：美国农业普查数据，网址为 https：//www.nass.usda.gov/AgCensus/。

　　美国支持农业政策正始于这一时期的罗斯福新政。为了挽救此时的美国农业，国会于 1933 年通过了《农业调整法》，首次实施了农产品价格支持和种植面积削减计划，从而开启了农业生产调整、价格支持和农民收入支持政策的新时代。以标榜"自由"著称的美国，在此之前的农业政策是从不干涉农产品价格和农场主决策的，但 1933 年农业法的重点就是调整供求关系，提高农产品价格。此后 60 多年的时间里，农业法虽经多次修改、补充和完善，但价格和收入支持政策一直是核心内容。《农业调整法》秉持着两条主线，一是以减少作物种植面积的方法限制农业生产，二是以管理农产品销售的方式减少供给，从而使农产品供需达到新的平衡。这两种方式的最终目标都是提高农产品价格，稳定农民收入，以使农场主的购买力维持在 1909 年 8 月到 1914 年 7 月的"平价"水平。在对内控制的同时，美国这一时期的贸易政策也逐渐倾向于保护主义，关税达到了历史上的最高水平。这种隔离国内外市场的政策是服务于国内的农业干预政策的。在高关税和国内价格支持政策的基础上，美国农产品价格普遍高于国际市场，并由此招致了其他国家的贸易保护措施。

（二）二战及战后调整时期的农业补贴政策（20 世纪 40~60 年代）

农业干预政策在短期内确实起到了缓解美国农业危机的作用，但真正让美国农业走出泥潭的是二战爆发。与一战时期类似，第二次世界大战让世界对美国粮食等农产品的需求急剧增加。在需求刺激下，美国农业生产再掀高潮，农业机械化和现代化水平不断提高。美国农场的拖拉机总数从 1930 年的 80 万台猛增至 1966 年的 550 万台（John，1976）。1957~1960 年，农业产出年均增速达到历史最高值 3.72%，其中，投入增长和全要素生产率的贡献分别是 0.75% 和 2.97%，均达到了历史第二高值，如表 7-2 所示。

表 7-2　美国农业产出增长　　　　　　　　单位：%

时期	产出增长	增长来源				
		投入增长	人力资本	金融资本	物质资本	全要素生产率
1948~2015	1.48	0.10	-0.46	-0.04	0.60	1.38
1948~1953	0.96	0.66	-0.83	0.57	0.92	0.30
1953~1957	0.49	-0.03	-1.11	-0.02	1.10	0.52
1957~1960	3.72	0.75	-0.88	0.00	1.62	2.97
1960~1966	1.12	-0.09	-0.86	0.04	0.73	1.20
1966~1969	2.24	0.00	-0.65	0.16	0.48	2.24
1969~1973	2.50	0.36	-0.41	-0.10	0.87	2.14
1973~1979	2.45	1.69	-0.19	0.23	1.65	0.75
1979~1981	2.57	-1.21	-0.23	0.11	-1.09	3.79
1981~1990	0.79	-1.32	-0.45	-0.78	-0.09	2.11
1990~2000	1.79	0.24	-0.23	-0.17	0.64	1.55
2000~2007	1.03	0.11	-0.38	-0.12	0.60	0.92
2007~2015	0.72	0.20	0.00	0.24	-0.04	0.53

资料来源：ERS 数据库。

为了避免再次出现一战后农业过剩的情况，美国政府在二战后修订了农业法。美国规定，二战后两年内对主要农产品的价格支持要维持在平价90%以上水平。除了国内支持政策，这一时期的对外贸易政策也对美国农业起到了关键作用。二战后美国开始实施马歇尔计划，其中的粮食援助政策就是计划的重要组成部分。1947~1950年，美国平均粮食出口量达到约1900万吨，是1935~1939年平均水平的将近5倍。通过马歇尔计划，美国政府意识到粮食援助可能是解决美国农业生产过剩问题的一剂良方。因此，1954年美国国会通过了《农业贸易发展与协助法案》(Agricultural Trade Development and Assistance Act)，又称和平食品法案(Food for Peace)。允许除粮食贸易外，美国政府可以用免费粮食等援助世界，这样可以增加美国农产品的海外消费，援助的形式还有利于改善美国的对外关系。1956~1964年，美国农产品出口中约1/4是在援助计划中实施的(陈阵，2013)。粮食援助政策允许根据进口国的情况实施优惠销售价格，这实际变相给予了出口补贴。

这一时期美国的农业政策可谓"内外兼修"。在内外政策的有利条件下，美国农业企业员工的收入水平也达到了历史新高。与其他产业相比，农业处于弱势地位，农业企业的员工收入相对其他行业来说也一直很低。20世纪40年代以前，农业企业全职员工工资仅相当于各行业员工工资平均水平的1/3左右。但在1945年这一比例达到了60.6%，与40多年以后的水准相当(见表7-3)。不过这只是暂时现象。随着二战结束，农业企业员工的工资水平再度下降至占全行业平均工资的40%左右。这一比例虽然有所下降，但总的来看，在美国政府对农业内外支撑的背景下，美国农业没有出现大的倒退，农业企业员工占全行业平均工资的比例相比20世纪30年代仍然有了很大的提高。

表7-3　美国农业企业全职员工平均收入(按行业)

年份	各行业员工工资（美元）	国内产业员工工资（美元）	私营企业员工工资（美元）	其中：农业企业员工工资（美元）	农业企业员工工资占全行业平均工资比例（%）
1929	1430	1430	1416	479	33.5

续表

年份	各行业员工工资（美元）	国内产业员工工资（美元）	私营企业员工工资（美元）	其中：农业企业员工工资（美元）	农业企业员工工资占全行业平均工资比例（%）
1935	1157	1157	1129	344	29.7
1940	1317	1317	1309	487	37.0
1945	2208	2206	2275	1339	60.6
1950	3034	3033	3030	1531	50.5
1955	3930	3921	3957	1640	41.7
1960	4822	4813	4855	2010	41.7
1965	5808	5806	5837	2907	50.1
1970	7744	7741	7679	4196	54.2
1975	10810	10807	10655	5789	53.6
1980	15746	15743	15672	8146	51.7
1985	21322	21308	21049	11720	55.0
1990	26385	26386	25986	15911	60.3
1995	31143	31064	30437	18126	58.2
2000	39238	39166	38862	22146	56.4
2005	45594	45441	44629	27709	60.8
2010	53247	52951	51906	31058	58.3
2015	59912	59431	58726	36581	61.1

注：1929~1947年数据是基于1942年的标准产业分类（SIC）相关标准进行估算，1948~1986年数据是基于1972年的标准产业分类（SIC）相关标准进行估算，1987~1997年数据是基于1987年的标准产业分类（SIC）相关标准进行估算，1998~2015年数据是基于2002年北美行业分类系统（NAICS）相关标准进行估算。

资料来源：BEA数据库。

（三）农业发展黄金时期的农业补贴政策(20世纪70年代)

20世纪70年代是美国农业发展的一个黄金时期。在世界性粮食歉收和通货膨胀的背景下,国际市场对美国的粮食需求达到了新高。美国农产品出口价格指数由 1970 年的 24.4 迅速上升至 1974 年的 58.2,增长了 1 倍多,到 1981 年,出口价格指数已经攀升到 67(见图 7-1)。与出口价格高企相伴的是出口数量也在持续增加。1972~1980 年,美国粮食出口总量从 7260 万吨增加到 11490 万吨,增加了 58%,这一期间的粮食出口量占到粮食产量的 35%(徐更生,1986)。农产品出口的迅速增长进一步刺激了产量增加。1970~1976 年,美国小麦、玉米、大米和花生产量分别增长了 59%、51%、38% 和 25%。在出口繁荣的刺激下,美国土地市场也呈现火爆场景,土地价格从 1972 年到 1980 年翻了 3 倍。这一时期农业的繁荣还得益于农业技术的应用和农业组织化程度的提高。1979~1981 年,全要素生产率对美国农业产出的贡献达到最高值 3.79%(见表 7-2)。20 世纪 70 年代初期,畜牧业产品中已经有超过 35% 以订单形式来生产,农业纵向一体化处于蓬勃发展中。

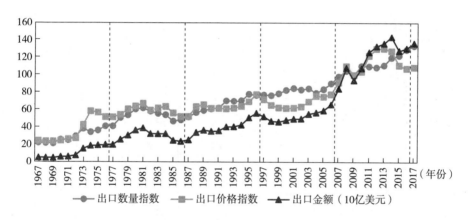

图 7-1 美国农产品出口情况

注:以 2009 年为基期,2009 = 100。

资料来源:BEA 数据库。

农产品产量和价格的双向提升使美国农民的收入达到二战以来的最高水平。1972 年美国农户家庭的收入首次超过了普通家庭,1973 年甚至达到普通家庭的 1.5 倍。在 20 世纪 70 年代的多数年份,美国农户家庭收入都超过了普通家庭,如表 7-4 所示。与农业相关的从业人员也因此受益，1970年农业企业员工工资达到了各行业平均工资的54.2%（见表7-3）。

表7-4 美国农户与普通家庭收入对比

年份	农户家庭				美国家庭	农户平均收入与美国家庭平均收入之比（%）
	总收入（美元）	农业收入（美元）	非农收入（美元）	农业收入占农户家庭收入比例（%）	总收入（美元）	
1960	4054	1913	2141	47.2	6227	65.1
1965	6344	2552	3792	40.2	7704	82.3
1970	9472	3498	5974	36.9	10001	94.7
1975	15691	6212	9479	39.6	13779	113.9
1980	18504	4285	14219	23.2	21063	87.9
1985	35473	11417	24056	32.2	29066	122.0
1990	38237	4626	33611	12.1	37403	102.2
1995	44391	4720	39671	10.6	44938	98.8
2000	62223	2872	59351	4.6	57135	108.9
2005	81318	14227	67091	17.5	63344	128.4
2010	84459	11788	72671	14.0	67392	125.3
2011	87290	14625	72665	16.8	69677	125.3
2012	111524	25038	86486	22.5	71274	156.5
2013	121120	30639	90481	25.3	75195	161.1
2014	134165	31025	103140	23.1	75738	177.1
2015	119880	24740	95140	20.6	79263	151.2
2016	117918	24731	93187	21.0	83143	141.8

资料来源：ERS数据库。

农业繁荣的背后实际暗藏危机。在技术和机械的替代作用下，农业劳动力数量进一步减少，1975年农业劳动力占比已经降至4%，农业已经成为资本密集型产业。为了提高农场的现代化管理水平，农场主拼命增加农业投资，这使得农民不得不面临越来越高的利率和市场风险，也越来越依赖于出口市场。

为了缓和农产品价格波动，1977年《食物和农业法》推出了一种农场主拥有的谷物储备计划，鼓励农场主将谷物储存在自家仓库，当市场价格达到贷款率的140%~160%时，农场主才可出售谷物。这是对之前农业法中价格支持贷款计划的扩展，政府把价格支持贷款的偿还期限延长到3~5年。为了鼓励农民参加，农业部还向农民支付保管费，并为农民提供贷款建设仓储设施。在美国农业受益于国际市场繁荣的同时，欧洲部分国家和澳大利亚、加拿大、阿根廷等农业大国也同样在努力扩大农产品出口，国际市场农产品出口竞争日益激烈。可以说，整个20世纪70年代，美国农业补贴政策一直在努力维持农民收入不出现剧烈波动，美国政府也更加意识到国际市场对美国农业的重要性。

二、以减少干预和市场化改革为特征的补贴时期

（一）农业萧条时期的农业补贴政策（20世纪80年代）

进入20世纪80年代后，国际农产品市场急转直下。原来的很多粮食进口国变为出口国或自给国。1979年底，苏联进军阿富汗，美国对苏联实行了粮食禁运，这对高度依赖粮食出口的美国农业造成重大损失。加上国内连年丰收，粮食库存暴增，农产品价格下跌，美国农业再次陷入危机。高度机械化和自动化的农业生产此时成为美国农民的负担，因为这些都需要高昂的代价来获得。根据美国农业普查数据计算，1987年一般农场的利息费占总生产费用的7.5%，对于接受政府支付的农场来说，这一比例则更高，占到9.2%（见表7-5）。可见当时农场负债问题严峻。在当时几乎人人负债的美国，农场主负债相对而言是最高的，1981年平均每个农场负债达7.6万美元。1985年，32万个农场的负债额超过资产总额的40%，其中19.6万个农场负债和资产比在40%~70%，12.3万个农场负债在70%以上（徐更生，1986）。

表 7-5　1987 年美国农场生产费用构成

费用	所有农场		有政府支付的农场	
	生产费用(千美元)	费用构成(%)	生产费用(千美元)	费用构成(%)
农业生产总费用	108138052	100	51938978	100
畜禽购买	19344645	17.9	7660301	14.7
家畜家禽饲养	19163364	17.7	6037502	11.6
种苗	3390762	3.1	2333926	4.5
化肥	6684944	6.2	4689582	9.0
农药	4690243	4.3	3141493	6.0
石油产品	5277227	4.9	3176047	6.1
电	2225206	2.1	1078878	2.1
雇佣劳动力	10866236	10.0	3930933	7.6
合同劳动力	1842984	1.7	501654	1.0
维修费	6361980	5.9	3631836	7.0
机器设备租赁费	2176467	2.0	1383809	2.7
利息费	8158268	7.5	4777488	9.2
现金地租	4689455	4.3	3438010	6.6
房产税	3120405	2.9	1572210	3.0
其他费用	10145866	9.4	4585309	8.8

资料来源：美国农业普查数据，详见网址 https：//www.nass.usda.gov/AgCensus/。

　　随着利率上升、农产品价格下跌和土地价格下跌，农民收入状况不断恶化。政府对农场主直接支付的补贴 1950 年只有 2.83 亿美元，到 1987 年这一数字已上升到 167.5 亿美元，美国政府因此背负了沉重的财政负担。1982～1987 年，美国政府直接支付给农场主的补贴为同期农业纯收入总额的 1/3 以上。为了减少政府农业开支，里根政府在 1983 年提出了"实物补偿"计划。该计划是以政府库存实物替代现金的形式，来补偿参加削减播种面积计划的农民损失。为吸引农场主参加，美国政府提出，依照计划停耕的土地按前三年平均产量的80%给予补偿。农民异常踊跃，当年停耕了约3319万公顷耕地，美国政府为此支出了218亿美元，直接支付给农场主的补贴总额高达93亿美元。

在美国财政状况不断恶化的同时，农业补贴成为美国政府的沉重负担，国会和政府产生了严重分歧。1985年里根政府提出了一个全面改革现行农业政策的提案，建议在3年之内逐步降低价格支持水平，取消生产限制，降低生产贷款限额，并将一部分贷款交由商业银行经营等（徐更生，1986）。提案公布后招致强烈反对，国会最后违背政府意愿，否定了里根政府的提案，基本保留了以往政策。不过，1985年农业法也在努力平衡政府预算约束与稳定农民收入的关系，接受了里根政府向市场化进行改革的建议。由过去预算拨款维持农产品高价，逐步转为直接支持农产品生产者收入，并首次出台了陆地棉和大米营销贷款的规定，逆转了目标价格的上升趋势。为了减少国内农产品剩余，1985年农业法将扩大出口作为重要目标。通过对生产者、生产商进行出口补贴，向农产品进口国提供中短期信贷，延长和平食品法案有效期以扩大粮食对外援助等手段，增强美国农产品的国际竞争力。在弱势美元和出口补贴的刺激下，1987～1992年美国农产品出口量持续上升（见图7-1）。可以说，这一时期的农业法已经有了市场化改革的端倪，目的是使农民不要过度依赖政府补贴。

虽然这一时期农业收益下降，但美国农业的发展并没有停滞。1985年农业劳动力的比例进一步下降到3%，农场的兼并和集中趋势加强，这一时期美国农场的平均规模达到2600亩，平均每个农场仅需劳动力1.5人。农业全要素生产率也依然保持了较高的贡献份额（见表7-2），农业全要素生产率指数由1983年的0.59上升至1990年的0.79，增速达到1948年以来最快水平，如图7-2所示。

（二）市场化改革时期的农业补贴政策（20世纪90年代至今）

随着美国财政状况日趋紧张，国内反对农产品价格支持的呼声强烈。1986～1995年，美国政府给农民的直接补贴金额高达1081亿美元，相当于

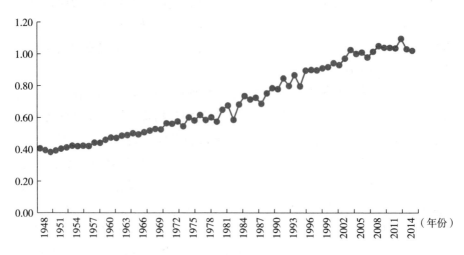

图 7-2 1948~2015 年美国农业全要素生产率指数

注：以 2005 年为基期，2005＝1。

资料来源：ERS 数据库。

同期农场现金总收入的 6.3%。在农业人口不断减少的情况下，纳税人认为，农业补贴是拿多数人的钱为少数群体服务。此时，农户家庭收入中实际来源于农业的比例也已经较低，20 世纪 90 年代这一比例仅在 4.6%～16.7%，而在多数年份农户家庭收入已经高于美国普通家庭。这时不仅有来自农业外部的反对声音，农民内部也有分歧，一些大的农场主对农业政策也不满意。当时美国政府补贴额的六成以上都给了年销售额在 1 万～25 万美元的中小农场主。大农场主反对政府补贴这些中小农场主，避免他们成为自己的竞争对手。在他们看来，农业补贴违背了优胜劣汰的原则，降低了美国农业的竞争力。除了来自国内的压力，1994 年乌拉圭回合谈判的结束也促使美国政府进行市场化导向的改革。美国相信，如果各国都实施贸易自由化政策，凭借美国的实力，农业一定可以获得更大的国际市场份额。与此同时，得益于 1995~1996 年国际农产品价格上涨，农民对政府补贴的依赖下降，政策改革有了较好的基础。因此，美国政府在这一时期出台了《1996 年联邦农业完善和改革法》(The Federal Agriculture Improvement and Reform Act of 1996)，这是自罗斯福新政以来美国农业政策史上最具市场化意义的法案。其中，最重要的改革内容是用生产灵活合同补贴(Production Flexibility Contract Payment)替代目标价格和差额补贴，取消收入支持与农产品价格的联系。通过逐步降低补贴对农业的影响，将农民推向世界市场。

然而，市场化改革的进程并不顺利。1996年农业法生效不久，亚洲金融危机就爆发了。金融危机导致国际农产品市场需求疲软，美国农产品出口下降。过度依赖国际市场的美国农业再次陷入困境。在此情形下，刚要兴起的农业补贴市场化改革形势迅速逆转。1998~2001年，美国政府连续推出多项农业紧急救助计划。2002年农业法大幅提高了农业补贴，使走向市场化改革的农业补贴政策再次转向保护。2002~2012年，美国政府为农场主提供的补贴金额达到1900亿美元，比1996年规定的补贴额增加了80%(陈阵，2013)。2008年农业法延续了2002年农业法的基本框架，对农业的保护没有实质性改变，还大幅提高了农业补贴。这不仅为WTO、多哈发展议程的前景蒙上了一层阴影，也对中国的农业生产及结构调整产生较大的冲击(杜楠等，2017)。

美国高额的补贴早已引起世界主要国家的不满，巴西等农业主产国与美国进行了多年的补贴争端。从美国国内产业的变化来看，农业的就业份额自2000年以来已经长期下降到2%以下(见表7-6)，真正从事农业的劳动力并不多。1996年市场化改革进程加快以后，美国农场的兼并趋势也在加快，如表7-7所示，销售额在50万美元及以上的农场比例由1996年的3.2%增加到2014年的7.9%，销售额5万~24.9万美元的中小规模农场比例下降，由1996年的18.1%下降到2014年的14.6%。家庭农场占农场总数的比例自2000年以来就基本稳定在98%左右。可以看出，农业就业的稳定性已经非常强。与此同时，农业从业人员的收入也处于稳定且较高水平。1996年以后，美国农户家庭收入一直高于普通家庭，个别年份如2014年甚至达到普通家庭的1.77倍(见表7-4)。20世纪90年代以后农业企业雇员收入占一般行业雇员收入的比例也长期稳定在60%左右，至今这一比例也没有太大变化(见图7-3)。不管是从就业份额还是薪酬水平来看，从事农业的人员都有了一定的优势或稳定性。

表7-6 美国平民非机构人口就业状况

年份	平民非机构人口（千人）	平民劳动力						就业劳动力中从事农业的比例（%）
		平民劳动力总数（千人）	占人口比例（%）	就业劳动力				非就业劳动力
				就业劳动力数量（千人）	就业劳动力占人口比例（%）	其中：农业就业（千人）	非农业就业（千人）	非就业劳动力数量（千人）
1947	101827	59350	58	57038	56	7890	49148	2311	13.8
1950	104995	62208	59	58918	56	7160	51758	3288	12.2
1955	109683	65023	59	62170	57	6450	55722	2852	10.4
1960	117245	69628	59	65778	56	5458	60318	3852	8.3
1965	126513	74455	59	71088	56	4361	66726	3366	6.1
1970	137085	82771	60	78678	57	3463	75215	4093	4.4
1975	153153	93775	61	85846	56	3408	82438	7929	4.0
1980	167745	106940	64	99303	59	3364	95938	7637	3.4
1985	178206	115461	65	107150	60	3179	103971	8312	3.0
1990	189164	125840	67	118793	63	3223	115570	7047	2.7
1995	198584	132304	67	124900	63	3440	121460	7404	2.8
2000	212577	142583	67	136891	64	2464	134427	5692	1.8
2005	226082	149320	66	141730	63	2197	139532	7591	1.6
2010	237830	153889	65	139064	58	2206	136858	14825	1.6
2015	250801	157130	63	148834	59	2422	146411	8296	1.6
2016	253538	159187	63	151436	60	2460	148976	7751	1.6
2017	255079	160320	63	153337	60	2454	150883	6982	1.6

注：CPS（Current Population Survey）是美国政府对失业和劳动力参与率的月度调查。此表中的平民非机构人口指居住在美国且年龄大于16岁，不属于任何机构（犯罪、心理或其他类型的设施）的人或现役军人。

表 7-7　美国不同规模农场所占份额

年份	农场数量(万个)	5万美元以下(%)	5万~24.9万美元(%)	25万~49.9万美元(%)	50万~99.9万美元(%)	100万美元及以上(%)	家庭农场数量(万个)	5万美元以下(%)	5万~24.9万美元(%)	25万~49.9万美元(%)	50万~99.9万美元(%)	100万美元及以上(%)	家庭农场占农场总数比例(%)
1996	202.5	74.0	18.1	4.8	2.1	1.1	171.7	77.7	15.6	3.9	1.8	0.9	84.8
1997	204.9	74.2	19.2	4.0	1.7	0.9	201.2	74.7	19.1	3.9	1.5	0.7	98.2
1998	205.5	75.9	16.5	4.4	2.1	1.2	187.2	79.0	14.7	3.6	1.7	0.9	91.1
1999	218.7	76.6	16.7	3.7	1.8	1.2	214.8	77.1	16.5	3.6	1.7	1.1	98.2
2000	216.6	75.6	17.7	3.8	1.9	1.0	212.1	76.0	17.7	3.7	1.7	0.8	97.9
2001	214.9	76.0	16.8	4.1	1.8	1.3	209.4	76.2	16.8	4.0	1.8	1.2	97.4
2002	215.2	75.9	16.7	4.1	2.0	1.3	211.5	76.2	16.7	4.1	1.9	1.1	98.3
2003	212.1	76.2	16.3	4.1	2.1	1.3	208.5	76.6	16.1	4.1	2.0	1.2	98.3
2004	210.8	76.0	16.0	4.2	2.1	1.6	206.1	76.4	15.9	4.2	2.0	1.5	97.8
2005	209.5	75.9	16.1	4.3	2.1	1.7	203.4	76.5	15.9	4.1	2.0	1.5	97.1
2006	208.3	76.0	15.8	4.3	2.2	1.7	202.2	76.8	15.4	4.3	2.1	1.5	97.1
2007	219.7	76.7	13.5	4.4	3.3	2.2	214.3	77.1	13.4	4.4	3.2	1.9	97.5
2008	219.2	76.1	13.7	4.5	3.4	2.3	213.0	76.5	13.6	4.4	3.3	2.1	97.2
2009	219.2	75.9	14.0	4.5	3.4	2.3	213.1	76.2	13.9	4.5	3.3	2.1	97.2
2010	219.3	76.4	13.4	4.5	3.5	2.3	214.3	76.7	13.3	4.5	3.4	2.0	97.7
2011	217.3	75.8	13.4	4.6	3.7	2.4	211.5	76.3	13.3	4.6	3.6	2.2	97.3
2012	210.2	74.5	13.5	4.5	3.4	4.1	204.3	74.9	13.4	4.4	3.4	3.9	97.2
2013	209.5	74.2	13.6	4.5	3.3	4.4	204.5	74.6	13.5	4.5	3.2	4.1	97.6
2014	207.6	72.9	14.6	4.7	3.5	4.4	205.3	73.2	14.5	4.6	3.5	4.2	98.9

资料来源：ERS 数据库。

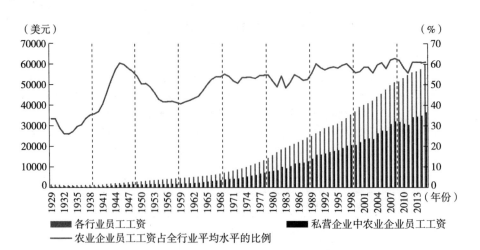

（美元）

（%）

各行业员工工资　　私营企业中农业企业员工工资
农业企业员工工资占全行业平均水平的比例

图7-3　美国农业企业员工工资占全行业平均工资的比例

注：1929~1947年数据是基于1942年的标准产业分类（SIC）相关标准进行估算，1948~1986年数据是基于1972年的标准产业分类（SIC）相关标准进行估算，1987~1997年数据是基于1987年的标准产业分类（SIC）相关标准进行估算，1998~2015年数据是基于2002年北美产业分类系统（NAICS）相关标准进行估算。

资料来源：BEA数据库。

当时国际农产品市场行情也比较好，农民收入对补贴的依赖度下降，减轻了农业市场化改革的压力。2008年以后，美国农产品出口价格指数不断上升，农产品出口额也由2009年的939亿美元上升到2014年的1437亿美元（见图7-1）。目标价格补贴在此期间很少启动。政府直接支付占农业现金毛收入的比例也已经不高，2010年以后全部在5%以内（见表7-8）。这与我国部分学者之前说美国农业补贴占农民收入的40%的夸张比例是不符的[①]。因此，从国内外形势来看，农业市场化改革进一步推进的时机已经到来。在此情形下，逆转2002年和2008年农业法高支持、高补贴思路的2014年农业法出台。新的农业法逐步放松政府对农业生产和农产品市场的直接干预，调控方式趋于市场化。农业法取消了直接支付，保留了营销援助贷款项目，新设了价格损失保障（PLC）和农业风险保障（ARC），作物

---

① "农业补贴占收入40%"的说法，其计算依据是1999~2001年补贴金额占农业净利润的比例，其中农业利润要以总的农业收入扣除生产总成本，用这一标准衡量会夸大农业补贴在收入中的占比。实际上这一夸大的数字也只维持了3年，2010年之后已经降低到10%以下（彭超，2017）。

播种之前生产者可以在两者之间做出选择。新农业法还取消了乳品收入损失项目，以乳品利润保障项目替代。新农业法的一个重要特色是强化了农业风险保障，扩大了农业保险项目的覆盖范围和补贴额度，新增了补充保障选择计划(Supplemental Coverage Option，SCO)。新农业法还对资源保护项目进行调整，主要有休耕储备计划、资源保护管理项目、区域资源保护合作项目等，另外还强化了营养项目，营养项目占到整个农业法支出的80%。通过2014年农业法，美国政府致力于构建农民收入、资源环境和食物有效供给三大"安全网"(杨春华等，2017)。表7-9展示了2010～2016年美国政府直接支付的变化情况，通过2014年前后的数据可以看到一些项目的具体变化。

表7-8　美国农业收入状况

收入明细	2010 年	2011 年	2012 年	2013 年	2014 年	2015 年	2016 年
现金毛收入(亿美元)	3536	4071	4513	4555	4706	4221	3981
所有商品收入(亿美元)	3212	3659	4014	4036	4242	3769	3573
作物收益(亿美元)	1804	2010	2316	2208	2114	1875	1944
动物及产品收入(亿美元)	1409	1649	1698	1827	2128	1895	1629
与农场有关的现金收入(亿美元)	200	308	393	410	366	344	279
森林产品销售(亿美元)	5	5	5	6	6	7	7
机器租赁和定制(亿美元)	38	40	39	44	44	47	36
其他农业收入(亿美元)	157	263	349	360	315	290	236
政府直接支付总额(亿美元)	124	104	106	110	98	108	130
政府直接支付占现金毛收入的比例(%)	3.5	2.6	2.4	2.4	2.1	2.6	3.3

资料来源：ERS 数据库。

表7-9　美国政府直接支付

项目名称	2010 年	2011 年	2012 年	2013 年	2014 年	2015 年	2016 年
联邦政府直接农业计划支付(千美元)	1239166	1042053	1063512	1100380	976685	1080449	1297968
固定直接支付(千美元)	480927	470568	468702	428853	1873	-351	-535

续表

项目名称	2010 年	2011 年	2012 年	2013 年	2014 年	2015 年	2016 年
棉花过渡援助款项(千美元)					45993	2402	106
轧花成本分担项目(千美元)							32646
平均作物收入选举计划(英亩)	42139	1598	4140	20690	25508	1374	12
价格损失保障(千美元)						75493	0
农业风险保障(千美元)						437689	606142
反周期支付(千美元)	20910	1651	-123	-84	-53	-6	-19
贷款差额补贴(千美元)	11439	575	-62	-33	6189	15484	16585
营销贷款收益(千美元)	200	8	0	0	3296	5353	4016
证书汇兑收益(千美元)	71	0					
乳品收入损失项目(千美元)	5166	-10	44657	23170	-13	-4	-6
乳品利润保障项目(千美元)						69	1039
烟草过渡支付项目(千美元)	68677	66603	65293	64797	64640	257	0
保护(千美元)	321947	367432	369506	367990	356140	361893	376396
生物质作物援助项目(千美元) ·	23139	2980	1227	708	544	736	688
补充和临时灾害援助(千美元)	264792	130455	110240	194291	472572	180062	65754
其他(千美元)	-240	193	-68	-2	-5	-2	926

注：美国政府直接支付是净付款，包括美国政府向农业部门支付的总付款、农业部门返还给美国政府的款项、会计调整。负值表示在历年中超过支付总额的款项。

资料来源：ERS 数据库。

第三节　美国农民收入政策的变化
原因及对中国的启示

一、美国农民收入政策的变化原因分析

通过前文美国农业补贴政策与农民收入的变化可以看出，补贴政策从

最初出台到历次的演变都围绕着稳定和提高农民收入这一根本目标。透过补贴政策的演进，可以分析美国农民收入政策的总体思路和背后逻辑。值得关注的有两个方面：一是决定美国农民收入改善政策出台的原因是什么；二是美国农业政策从以干预为主到向市场化进行改革，以及中间出现反复的变化，其影响的机制是什么，下面将主要回答这两个问题。

（一）美国农民收入改善政策出台的原因

为什么美国在大萧条时期出现了改善农民收入的制度设计呢？这可以从美国历史上工农业产品的比价关系找到答案。图 7-4 展示了 19 世纪以来美国非农产品与农产品相对价格指数和农业劳动力份额的变化。其中的相对价格指数反映的是非农产品与农产品价格的比例关系，当指数大于 1 时，表明非农产品价格有优势，非农部门利润相对较高，非农部门对劳动力的吸引力更强，反之则反是（Alvarez-Cuadrado and Poschke，2011）。从图 7-4 中曲线的变化可以看到，19 世纪至 20 世纪初期，非农产品价格一直处于有利地位，农业劳动力不断转向非农部门，农业劳动力比例持续下降。但一战期间及战后初期，农产品价格处于优势地位，相对价格指数在

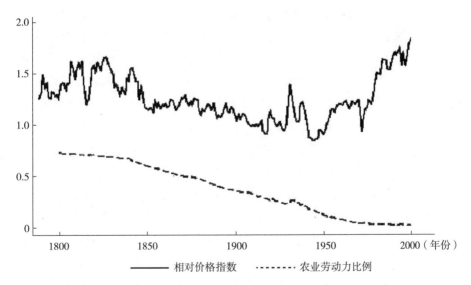

图 7-4　美国非农产品与农产品相对价格指数及农业劳动力比例

资料来源：吴一癸（2016）、Alvarez-Cuadrado 和 Poschke（2011）。

这一时期的多个年份都出现了小于 1 的情况，说明这一时期农业发展处于相对繁荣的阶段。

但繁荣背后危机四伏，工农业发展带来的产业和劳动力的结构性变化注定了农民对改善收入的诉求强烈。首先，农业繁荣与危机时期的巨大落差让农民不能适应。表面来看，随着一战后农产品价格回升，农民实际收入已经达到甚至超过了一战前水平，农业已经走出萧条。但此时美国的生活标准也相应提高，为了维持体面生活，购买汽车、家电等现代工业品，农民需要更多的收入来支撑日益提高的消费水平。当农业危机到来时，这种前后对照的生产、生活落差让他们很不适应，对收入进一步提升的意愿变得十分强烈。其次，农业与工业资本主义的冲突是农民对收入提出改善诉求的主要原因。此时的美国已经进入垄断资本主义阶段，迫切需要大量资金作为支撑。压低农产品价格是其资本积累的重要途径，因此必然相应降低了农民收入。这种长期以来工农业不对等的状况让农民不满，稳定和提高农产品价格的背后实际是对工农业平等地位的追求，他们不希望国家以牺牲农业为代价来实现工业化。最后，也是最重要的原因，美国农民提出改善收入的诉求反映出他们对资源分配的谈判能力很强。当时美国农业劳动力在就业市场所占的份额已经下降到 1/3 以下，20 世纪 80 年代后期，农业劳动力占比下降到 3% 以下，21 世纪以来，则进一步萎缩到 2% 以内，并且还有进一步下降的趋势（见表 7-6）。相比其他产业从业人员，农民属于社会的少数群体，这就为他们联合起来组成利益团体提出利益诉求提供了可能。当农民间建立了严密的组织体系，组织内成员的构成简单且目标统一时，他们相对会更加容易对政府的政策制定或政治家施加压力。此时政府发现动用少量的资源就可以改善这小部分群体的条件或收入，政策的外部性减少，因此农民的政治诉求在此时容易得到满足。

因此，政府对农民收入制定改善政策的根本原因是经济发展水平达到了一定程度，工业完成了资本积累的过程，并且农业就业群体所占份额下降到一定比例，此时政府才有能力和意愿去改善这小部分群体的收入状况。如果农业从业人数众多，成员利益就相对复杂，组织内部都可能产生矛盾，反而不利于形成强有力的政治声音。

（二）影响农民收入政策调整的主要因素

始于罗斯福新政时期的农业干预政策是美国农业政策的开端。这种控制供求以使价格达到新平衡的手段是以维持农产品价格和农民收入为目标的。从这一时期开始，美国政府在之后将近60年的时间里都将政策重点放在了农产品价格和农民收入的干预上，直到市场化改革政策出台，农业保护的方向才得以调整。从保护、干预到市场化改革，以及中间的反复变化，影响政府决策的因素主要有农民收入状况、政府财力、利益集团的博弈，以及国际市场形势。

第一，农民收入状况和政府财政能力是影响政府决策方向的根本。自决定对农民福利状况进行改善以来，美国政府的历次农业政策调整都在密切关注农民收入的变化。这从美国农户家庭收入与普通家庭收入的对比就可以观察到。20世纪70年代之前，美国农户收入相比普通家庭收入较低，农业补贴力度持续加码。当1979～1985年农民收入变化时，美国农业补贴力度空前，政府直接支付给农场主的补贴占到同期农业纯收入总额的1/3以上。当1996年美国农户家庭收入开始显著高于普通家庭时，市场化改革的步伐显著加快，农业补贴的风向标出现逆转。就农户家庭收入的构成来看，来源于农业部分的比例自20世纪90年代以来已经基本下降到25%以内（见表7-4），可见农户家庭对农业收入的依赖度已经不高，这也是美国将农业保护和干预政策逐步转向市场化调控的一个有利条件。虽然中间也有反复，但随着农民群体就业和收入的稳定，市场化改革的趋势基本定调。除了农民收入的变化，政府财力也是一个重要的考量因素。在美国政府财务状况不断恶化的背景下，1985年以来的历次农业法案，都在努力寻求平衡政府预算约束与稳定农民收入。

第二，农民收入政策的调整也是利益团体相互博弈和妥协的结果。从最初的农业干预政策出台开始，就可以看到各利益团体的身影。例如，关于《麦克纳里-霍根议案》，支持者主要有当时的小麦种植者协会、洲际出口联盟、美国劳工组织等，而磨坊主联合会及当时的一些工商业团体则坚决反对任何有关控制剩余农产品的立法。经过近百年的演变，目前对农业政策制定有较大影响力的团体主要包括农场组织和专业性农业组织（见

表 7-10）。农场组织的规模比较大，成员众多，但正因为成员复杂、利益多样，实际的政治影响力反而较为薄弱。现有的农场组织主要包括全国农场局联合会、全国农场主联盟、全国格兰其。其中，全国农场局联合会代表大农场主利益，反对政府干预，支持市场化，是这三个团体中目前政治影响力最大的。全国农场主联盟代表的是中小农场主利益，他们积极维护价格支持政策。全国格兰其是这三大组织中规模最小的，属于政策温和派，对政策经常左右摇摆。总的来看，在 20 世纪二三十年代及农业危机时期，农场组织一般倾向于政府对农业支持和保护，利益相对一致。但 20 世

表 7-10　美国农业政策的主要利益团体

主要利益团体		代表群体及利益诉求
农场组织	全国农场局联合会	代表大农场主利益，反对政府干预，支持市场化，目前政治影响力最大
	全国农场主联盟	代表中小农场主利益，维护价格支持政策
	全国格兰其	规模最小，政策温和派，左右摇摆
专业性农业组织	全美小麦生产者协会 全美牛奶生产者联合会 全美大豆协会 全美玉米生产者协会等	主要影响农产品计划和贸易计划的制定
消费者利益集团		追求低价格、食物安全和充足供给，影响营养计划的制定
环保利益集团		要求保护自然资源，如水环境、野生动物，以及确保动物福利等，影响水土保持等计划的制定
农产品加工企业		支持市场化和自由贸易，以获得低价农产品，期望有强大的出口市场
跨国公司		支持市场化和自由贸易，以保证产品质量，期望有强大的出口市场
大型和超大型农场		支持市场化和自由贸易，期望风险管理
小型农场		期望获得收入和价格支持、信贷及教育
纳税人		减少补贴，节省政府预算

纪 40 年代以后，随着专业化生产趋势增强，专业性农业组织的政治影响力逐渐超过了一般性的农场组织。专业性农业组织比农场组织的规模小，但它们有共同的利益取向，反而更容易达成一致立场，随着它们的政治影响力不断提升，目前对农业政策制定起到关键作用。除了农业团体，消费者团体、环保组织等农业外的利益团体也不断加入农业政策制定过程中，对农业法中营养、水土保持等计划的设计发挥着重要作用。农业行政部门和国会更是政策的直接裁决者，其作用自不必说。因此，美国的农业政策是农业利益团体内部、行政部门与国会、农业团体与其他团体等政策主体间博弈和妥协的结果。

第三，美国外向型农业的特征决定了收入政策的变化必须兼顾国际市场。从历次的美国农业危机都可以看到国际市场对美国农业的重要性。在世界农产品市场繁荣时，美国农产品出口量增加，政府对农业的干预就相对减少。一旦世界经济不景气，美国农产品出口减少，对农业造成打击，农业补贴等救济手段就会随之跟上。为了解决国内产品的过剩，以出口补贴的方式将农产品推至世界市场成为稳定美国国内产业的重要途径。在各种出口政策中，粮食援助又具有多元化特征，实际是一种以人道主义援助为借口的变相而隐蔽的出口补贴政策。美国政府将其与外交政策结合，不仅发挥了农业补贴的作用，还维护了美国在一些不发达国家的政治影响力。

二、美国农民收入政策对中国的启示

美国的农民收入干预政策是将资源由消费者、纳税人手中转移至农业生产者手中的行为，实际是对收入的二次分配。美国农业政策的演变及农民收入状况的变化，对我国农民收入政策的制定有很大的启示作用。

第一，对补贴的作用要有更加清醒的认识，对农民收入问题的长期性做好思想准备。我国与美国农业处于不同的发展阶段。美国农业生产总值占比不足 2%，而我国占 10% 左右。农业就业人员的比例就更为悬殊，美国农业劳动力占比在 2% 以下，我国这一占比约为 30%。分析美国农业保护政策的出台历史可以发现，当农业就业人口下降到一定比例时，较少的人才有可能聚集在一起达成一致认识。当初美国提出收入干预政策时，农业就业人员的比例已经下降到30%以下。现在我国的比例与当时美国的比例极为接近，这说明改革有了一定的基础。但这些只是表面的条件。与美国的资源禀赋和农业生产方式相比，我国还有一些劣势。美国农业是典型的资本技术密集型产业，家庭农场式的生产商业化程度高，产出很少是为自己消费。现在美国人均耕地是我国的7倍，人均淡水资源占有量是我国的4.6倍，这决定了我国农业的生产方式和目的与美国不同。我国必须保证在有限的资源条件下提高农产品产出量，以保证国内供给和人民消费。因此，对我国而言，农业的基础性地位更加重要，因为这关系到众多人口的生存。也正因人口体量大、人均资源少，农业劳动力比例高，我国对农民收入改善政策力度被庞大的体量摊薄了。如果以农业补贴来大幅提高农民收入是不现实的，也超出了国家的财政承受能力。从政府直接支付对农业收入的比例来看，即便美国这种农业高度发达的国家，农业补贴的作用也只能是起到稳定农民收入的作用。因此，要根本解决农民收入问题，最重要的还是加快发展第二、三产业，将过多的农业劳动力转移出去。当劳动力比例下降到较低水平时，政府才有能力去解决收入问题。

第二，借鉴美国农民利益表达机制，加强农业组织化建设，畅通农民利益表达渠道。美国农业保护和干预政策的最初落地及后续的市场化调整都是各类利益团体博弈和妥协的产物。在政策的制定过程中，农民以农场组织及其他农业组织的形式可以充分地表达意见。其中有代表不同类型农场主的农场组织，也有以产品、产业发展为共同利益目标的专业性农业组织。这些形形色色的团体实际是美国农民利益的代表者，它们通过不同方式、以不同渠道表达农民的利益诉求。由于历次农业政策的制定过程都要面向社会公开，所以农民对农业政策的变化一直有较为清晰的了解。有些政策法令甚至要经过全体生产者的投票，只有2/3以上生产者同意才能执行(徐更生，1984)。我国的农业政策制定主要由政府主导，农业政策是一种自上而下的产生过程。没有利益团体的参与虽然有助于避免政府决策受到干扰，但这也有一定的弊端。当农民缺乏畅通表达渠道的时候，农民的部分真实诉求就很难得到满足。随着农民由农业领域向其他领域渗透、转化，农民内部出现了以职业转换为媒介的阶层分化。农民内部也有强势群体和弱势群体，农村内部的收入差距甚至强于城市居民间的差距，农民阶层出现了进一步的分化。这种分化使农民利益更加多元化，加上体量的庞大，农民就更难以形成合力向政府表达利益要求。因此，深入剖析不同农民阶层的异质性需求，完善农业组织建设和乡村治理体系，加快搭建农民利益表达的制度平台十分必要。

第三，农民收入政策要尽量减少对市场的影响，注重可持续能力建设和竞争力提升。我国对农民、农业进行补贴的政策从 2004 年才开始起步，与美国等发达国家相比，还处于初级阶段，对农业保护的水平还比较低，补贴的效果和对农民收入的提升作用也不够。但我国与美国现在处于相同的国际市场环境，因此在稳定和提高农民收入的同时，我国不得不考虑如何提升农业整体的国际竞争力。我国现行农业支持政策正面临弱化竞争、浪费资源和低效率等问题。美国农业法历经曲折的市场化调整经验告诉我们，我国农业政策的制定一定要避免因保护而导致的农业生产效率低下问题，以及避免长期保护后形成改革困境和沉重的财政负担。政府对农业补贴和贸易保护一定要把握好尺度，要尽量减少对市场的影响，避免农业对政府补贴的依赖。在农业补贴政策的设计上，要尽可能增加免于削减承诺的"绿箱"政策，如政府一般服务、粮食安全储备补贴、粮食援助补贴、农业结构调整投资补贴、农业资源储备补贴、农业环境保护补贴等（穆月英，2008）。审慎使用"黄箱"补贴。我国农业补贴可允许有 8.5% 的微量"黄箱"政策，目前还有些许增长空间，应充分利用好"四补贴"增加农民的转移性收入。从目前美国农业政策的多元性来看，在收入问题解决后，农业政策会在稳收入的同时，向资源环境保护、农业可持续发展、国民食物营养和健康等多目标迈进。因此，随着我国收入水平提高，农业政策的目标要在保障食物安全和收入稳定的基础上，推行绿色生产方式，增强农业可持续发展能力。

第八章
研究结论与政策建议

第一节　研究结论

本书主要讨论的是中等收入阶段农民相对收入变化的机理，对劳动力要素差异和劳动力代际转移造成的收入差距做了一点细化和补充。利用国内外相关统计数据，总结分析了处于不同收入阶段的国家在农业就业、产值与农业劳动相对收入上的变化规律，并从收入差距较大的农村部门入手，研究了农村经济市场化对农民收入的影响。同时，总结了以美国为代表的中高收入阶段国家对农民收入进行二次分配时的经验。现将全书研究的基本结论总结如下：

第一，对比低收入阶段、中等收入阶段和高收入阶段的农业份额及农业劳动相对收入的变化发现，农民相对收入大致呈现了一种"U形"变化的曲线。在低收入阶段，经济发展水平比较低，经济状态还停留在低水平均衡的传统社会中，农业就业比例、产值比例都比较稳定，带来的结果就是农民的相对收入也基本稳定。在高收入阶段，收入差距被政府的再分配政策所平衡，农民的相对收入状况有了明显改观。反而是处于中等收入阶段的国家，经济的二元程度最深，农业就业份额的收缩速度明显慢于农业产值份额，农民作为劳动密集型产业的从业者，在这一阶段收入处于相对下降的状态。

第二，从要素流动的原理、劳动力要素特性、农产品供需变化、政府的政策目标与干预手段等视角来看，中等收入阶段农民相对收入出现恶化有一定的必然性。在中等收入阶段特别是中下收入阶段，我国农民收入的变化是国家工业化战略、资本深化及各种制度共同作用的结果。

第三，市场机制有利于缩小收入差距，但不能根本消除。农民收入问题也不是我国特有的问题，不要试图在中等收入阶段彻底解决这个问题，对此我们应该要有足够的心理预期。实证结果表明，随着人均收入水平的提高，农业劳动相对收入呈现出"U形"变化。当人均 GNI 达到一定水平时，农业劳动相对收入会出现由降转升的转折。换言之，只有经济发展到一定程度时，政府才真正有能力解决农民收入问题。

第四，作为转型国家，我国现阶段出现收入差距的扩大是一种正常现象，产业结构的变化要求形成与之匹配的劳动力结构。当存在要素流动障碍和非技术型劳动者对技术型劳动者短期内难以替代时，农业和非农业两个劳动力市场的工资差异不断扩大是符合经济规律的。对于我国这种转型国家而言，提高经济开放度和政府的转移支付比例是短期内实现农民收入增长的重要途径。

第五，农村居民间收入差距比城市居民间的收入差距更大，在关注城乡差距的同时，更要防止农村居民间收入差距进一步拉大。实证结果表明，村庄市场化对农民收入的影响要显著低于地区市场化，说明对农民收入产生决定性作用的其实不在于本村庄，而更取决于地区经济的发展程度和市场化进程。但是村庄农产品市场的发育程度却对农民收入起到关键作用。产品市场和要素市场的发育对农民收入有着重要意义，但目前要素市场的发育对农民收入的影响整体不利，我国要素市场特别是金融业发展和劳动力市场发育对农民收入起到的积极作用不明显。市场中介组织的发育程度和市场的法治环境也对农民高收入群体更为有利。

第六，农业政策是为解决本国农业的具体问题或长远战略目标而制定的，各国的政策有各国的特点。对美国这种实现了高度机械化和工业化生产的"工业农业"国家来说，农业普遍处于相对过剩的状态，其政策设计是以限制生产、稳定收入为出发点，其农民收入干预政策是将资源从消费者、纳税人手中转移至农业生产者手中的行为，实际是对收入的二次分配。从政府直接支付对农业收入的比例来看，即便美国这种农业高度发达的国家，农业补贴的作用也只能是起到稳定农民收入的作用。如果以农业补贴来大幅提高农民收入是不现实的,也超出了国家的财政承受能力。因此,要根本解决农民收入问题,最重要的还是加快发展第二、三产业,将过多的农业劳动力转移出去。

第七,美国农业法历经曲折的市场化调整经验告诉我们,农业政策的制定一定要避免因保护而导致的农业生产效率低下问题,以及避免长期保护后形成改革困境和沉重的财政负担。政府对农业补贴和贸易保护一定要把握好尺度,要尽量减少对市场的不利影响,避免农业对政府补贴的依赖。从目前美国农业政策的多元性来看,在收入问题解决后,农业政策会在稳收入的同时,向资源环境保护、农业可持续发展、国民食物营养和健康等多目标迈进。随着我国收入水平的提高,农业政策的目标要在保障食物安全和收入稳定的基础上,推行绿色生产方式,增强农业可持续发展能力。

我国要跨越中等收入陷阱及实现现代化发展的长远目标任重道远。从历史经验来看,无论发达国家还是发展中国家,在经历高速增长阶段后通常会有一个明显的增速下降阶段,对于后发国家也不例外,高速增长的状态不会长久持续。一旦经济增速大幅下降,处于中等收入阶段的国家若未能摆脱贫困陷阱,就难以顺利进阶高收入国家行列,如果在中等收入阶段持续的时间过长,并且长期不能跨过这道门槛,便是落入了中等收入陷阱。我国作为中等收入国家,兼顾农业与工业发展的压力巨大。目前我国农业劳动相对收入不仅低于一般中等收入国家,更是显著低于高收入国家,并且高收入国家农业劳动相对收入还处于持续上升态势,与我国及其他中等收入国家的变化趋势截然不同。可见,当经济增长到一定程度后,农业劳动相对收入上升的可能性更大。另外,与 GDP 的变化相比,农民收入增速持续快于 GDP 增速也有较大难度。GDP 增长是农民收入增长的前提,虽然 2010 年以来,农民收入增速开始持续超过 GDP 增速,但如果从更长时期的历史数据来看,农民收入增速相比 GDP 增速没有显著优势。

第二节　政策建议

随着我国经济由高速增长阶段转向高质量发展阶段,解决农民增收问题面临新的挑战。为了解决这些问题，加大工业反哺农业的力度，提高农民收入，需要从政策层面更好地理顺农业和农村发展的相关政策。现从宏观制度设计与农民增收的具体措施两个层面提出几点建议以供参考。

一、解决农民收入问题的原则

解决现阶段的农民收入问题要把握以下几个基本原则：

（一）正确认识中国所处的农业发展阶段，政策设计要与发展阶段相适应

通过对中高收入阶段国家农业产业结构和就业结构的分析发现，要想成功跨越中等收入陷阱及各类陷阱，必须处理好经济增长与福利分配的关系，保证产业发展的优先次序。没有经济增长作为强大后盾的盲目福利追赶是极其危险的。目前我国经济仍处于转型阶段，出现收入差距扩大是一种正常现象，但随着产业结构变化，劳动力结构也会发生转变，与产业结构匹配的工资水平也会发生调整。近年来我国收入差距在经历了较长时期的攀升后正迎来刘易斯拐点，不断扩大的收入差距正逐步得到抑制，甚至出现了下降趋势（蔡昉，2013）。随着国家提高农民收入举措的实施，农村人口的收入状况也有了明显改善，低收入组农民的收入增速出现了较快增长。这是我国农民收入状况改善的表现，但对于解决农民收入问题的长期性我们必须有所准备。多种因素的叠加注定了我国农业劳动相对收入在相当长一段时期内都将维持在较低水平。收入差距问题的最终解决仍然要依赖于劳动力的转移。对我国而言，尽快实现城镇化、现代化才是解决农民收入问题的根本途径。

收入差距扩大是经济发展过程中的必经阶段。我们应该意识到，不顾发展阶段的限制，经济发展进程可能会因过早地照搬发达国家的做法而陷于停滞，农民收入改善的目标也会欲速不达。在强调政府责任的同时也要明确政府责任的边界，不能进行忽视财政实力的福利赶超，特别是要将提高社会保障水平与发展阶段相适应。社会保障水平如果超过了支付能力，将意味着高工资和高成本，反而会阻碍农村劳动力的转移，进而降低我国

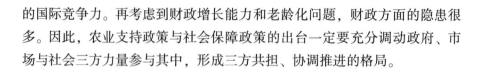

的国际竞争力。再考虑到财政增长能力和老龄化问题，财政方面的隐患很多。因此，农业支持政策与社会保障政策的出台一定要充分调动政府、市场与社会三方力量参与其中，形成三方共担、协调推进的格局。

（二）破除市场机制障碍，促进要素自由流动

只有率先打破束缚要素流动的制度性障碍，才能进一步缩小收入差距，促进收入分配更加趋于合理与公平。虽然我国"以工补农"的政策导向早已确立，但长期以来的经济二元结构限制了要素的自由流动，以及缺乏有效的资源配置机制，农村要素处在半市场化和没有市场化的状态。二元经济结构是造成我国收入差距问题的重要原因，因此需要加快结构转变和完善制度，以逐步消除结构性收入差距和制度性收入差距。只有允许劳动力、土地、资本与技术等要素在城乡间、产业间自由流动，使要素能向报酬最高的地方充分自由地流动，才能实现二元结构的成功转型，这是结构转换的制度前提，更是缩小收入差距的根本条件。这就要求改革现有的土地制度、社会保障制度和城乡户籍制度等。建立起能够适应农业市场化的土地流转制度，确保农民对土地的长期投资，保障农民土地权利的利益分配，赋予农民既长期又有保障的土地财产权。改革当前的户籍制度，淡化户籍与社会公共产品分配之间的联系，促进劳动力要素的自由流动。逐步建立城乡统一的社会保障制度，发展公共医疗和公共教育，保障所有人生存和发展的权利。

（三）处理好收入初次分配和再分配的关系

初次分配讲究效率，主要体现生产要素的价值。再分配侧重公平，主要体现政府对社会资源分配的方式和态度。初次分配的重要性必须得到重视。各国虽然都在努力谋求经济增长与福利增加两者的平稳，但仍然不能忽视初次分配的重要性。重视初次分配就是要注重经济增长和就业创造能力。没有增长的分配是无源之水、无本之木。没有充足的就业保障，不仅带来经济发展的停滞，也会加剧初次分配的不公。只有产业对劳动力的吸纳能力增强，农村劳动力才能顺利实现转移，收入差距问题才有解决的可能。当然，对初次分配中的垄断、腐败等问题也要尽量避免和严厉打击。

与要素报酬、生产贡献相符合的初次分配制度，有助于形成一个以中产阶级为主体的基本服从正态分布且具有完全流动性的收入分配格局。

再分配要注重加大社会性支出的供给，如医疗、教育、社会保障等基本公共产品，从而保证低收入群体获取平等化的服务，并防止低收入群体陷入贫困。全球化和技术进步有排斥低技能劳动者的倾向，赋予城乡、地区和不同群体间公平的教育机会是缩小收入差距的根本办法。再分配政策的实施过程中，要依据法律法规有效地调节高收入者、培育中等收入者和改善低收入者的生活状况，避免政策的随意性，防止伤害劳动就业、资本积累、合理消费与投资积极性(蔡昉，2013)。

二、增加农民收入的建议

按照农民收入结构的变动趋势，今后促进农民增收总的方向应是在稳步提高家庭经营收入的基础上，重点增加农民工资性收入，并把转移性收入和财产性收入作为农民增收新的增长点。

(一) 完善农产品价格形成机制，发挥农业补贴稳定生产和促农增收的作用

重点保护农产品价格的合理上涨和基本稳定，完善农产品进出口调控机制。坚持并进一步完善小麦和稻谷最低收购价政策，增加价格调节弹性，使不同的粮食品种之间形成合理的比价关系，保证农民获得合理稳定的收入。建立完善补贴资金的稳定增长机制，充分发挥农业补贴促进农业生产和增加农民收入的双重作用，尽量减少补贴对市场的扭曲，也避免农业对政府补贴的依赖。以补贴为导向，调优农业产业结构和产品结构。拓展家庭经营新业态，挖掘流通、服务业对家庭经营增收的贡献潜力。通过资金支持、税收优惠、金融支持等促进构建农村三大产业融合发展体系，提高农业整体效益。

(二) 建立农民工资性收入合理增长机制和支付保障制度

刘易斯拐点的到来虽然也为缩小工资性收入差距创造了条件，但提高

劳动参与率、增加平均就业机会和就业岗位才是收入分配得以改善的重要途径。一方面，要大力支持农村新兴职业培训、新增就业较多的行业培训，使农民的人力资本得到提高。另一方面，要加快完善劳动力市场制度，建立健全农民工工资支付保障和正常增长机制，保障农民工合法权益。加强企业工会组织建设，全面推行工资集体协商制度，加快完善工资指导线，健全农民工最低工资标准动态调整机制。

（三）大力推进农村产权制度改革，不断拓宽农民财产性收入增加渠道

农民收入增加不能仅限于劳动要素自身收入，重点是要提高其他要素的收入。长期以来，我国农村资源都处于沉睡状态，财产性收入对农民增收的贡献比例一直很小，资产性和财产性收入的严重不均等也是导致收入分配变化的主要因素。过度依赖以劳动报酬为主的常规收入再分配，不仅不利于解决收入分配问题，还会伤害中等收入者。因此，应继续大力推进农村产权制度改革，建立顺畅的农民财产交易渠道，保证农民的财产权利能够自由通畅流转。重点加强土地、矿产资源开发中的依法执法，完善征用农民承包土地的补偿办法，解决目前集体土地和国有土地同地不同价问题，避免农民利益在土地性质转变过程中被剥夺。加快宅基地与承包地的确权工作，严禁对农民物权任何形式的侵害。

（四）不断完善监测和帮扶机制，增强脱贫地区和脱贫群众内生发展动力

健全完善防止返贫致贫动态监测和帮扶机制，利用好衔接政策，把返贫致贫风险消除在萌芽和早期阶段。围绕基础设施、公共服务、产业就业、社区融入等方面，加大对重点区域、重点领域、重点人群的帮扶力度。提高脱贫地区公共财力，以此带动脱贫地区基础设施建设，改善教育卫生条件，提高社会公共服务水平，增加农民人力资本的积累。

参考文献

[1] Acemoglu D, Robinson J A. The Political Economy of the Kuznets Curve [J]. Review of Development Economics, 2002, 6(2).

[2] Acemoglu D, Ventura J. The World Income Distribution[J]. Quarterly Journal of Economics, 2002, 117(2).

[3] Acemoglu D. Technical Change, Inequality, and the Labor Market[J]. Journal of Economic Literature, 2002, 40(1).

[4] Adelman I, Morris C T. Economic Growth and Social Equity In Developing Countries[J]. American Political Science Association, 1973, 70(1).

[5] Aghion P, Caroli E, García – Peñalosa C. Inequality and Economic Growth: The Perspective of the New Growth Theories[J]. Journal of Economic Literature, 1999, 37(4).

[6] Ahluwalia M S. Income Distribution and Development: Some Stylized Facts[J]. American Economic Review, 1976, 66(2).

[7] Ahluwalia M S. Inequality, Poverty and Development[J]. Journal of Development Economics, 1976, 3(4).

[8] Alvarez-Cuadrado F, Poschke M. Structural Change Out of Agriculture: Labor Push versus Labor Pull[J]. American Economic Journal Macroeconomics, 2011, 3(3).

[9] Anand S, Kanbur S M R. The Kuznets Process and the Inequality—Development Relationship[J]. Journal of Development Economics, 1993, 40(1).

[10] Anderson K. Lobbying Incentives and the Pattern of Protection in Rich and Poor Countries[J]. Economic Development & Cultural Change, 1995, 43(2).

[11] Aschauer D A. Does Public Capital Crowd out Private Capital? [J].

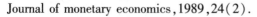
Journal of monetary economics,1989,24(2).

[12]Baldwin R E,Cain G G. Shifts in U.S. Relative Wages：The Role of Trade, Technology and Factor Endowments ［ C ］// University of Wisconsin Institute for Research on Poverty,2005.

[13]Barroand R J,Sala-I-Martin X. Convergence［J］. Journal of Political Economy,1992(2).

[14]Becker G S. Human Capital［M］. New York：Columbia University Press,1964.

[15]Berman E,Bound J,Griliches Z. Changes in the Demand for Skilled Labor within U. S. Manufacturing：Evidence from the Annual Survey of Manufactures ［J］. Nber Working Papers,1994,109(2).

[16]Blinder A S. Wage Discrimination：Reduced Form and Structural Estimates［J］. Journal of Human Resources,1973,8(4).

[17]Borgen N T. Fixed Effects in Unconditional Quantile Regression［J］. Stata Journal,2016(16).

[18]Boyne D H. Changes in the Income Distribution in Agriculture［J］. Journal of Farm Economics,1965,47(5).

[19]Cai Fang,Yang Du. Labour Market Intergration：Evidence from Wage Convergence in Manufacturing,in Ross Garnaut and Ligang Song (eds) Is Rapid Growth Sustainable? ［M］. Hong Kong：Asia Pacific Press,2004.

[20]Cao H,Zhang S. Analysis of the Main Interests of Agricultural Insurance Main Body Based on the Perspective of Evolutionary Game［J］. Agriculture and Agricultural Science Procedia,2010(1).

[21]Chenery H B,Syrquin M. Patterns of Development, 1950-1970［J］. African Economic History,2010,86(2).

[22]Deininger K,Squire L. A New Data Set Measuring Income Inequality［C］// China Economics and Management Academy, Central University of Finance and Economics,1996.

[23]Deininger K,Squire L. Does Economic Analysis Improve the Quality of Foreign Assistance? ［J］. World Bank Economic Review,1998,12(3).

[24]Ding L,Chen A,Liu G G,et al. Rural-urban Income Disparity:Impact of Growth,Allocative Efficiency and Local Growth Welfare[J]. China Economic Review,2002,13(4).

[25]Eichengreen B,Park D,Shin K. When Fast Growing Economies Slow Down:International Evidence and Implications for China[J]. Social Science Electronic Publishing,2011(1).

[26]Fan S G,Kanbur R,Zhang X B. China's Regional Disparities:Experience and Policy[J]. Review of Development Finance,2011,1(1).

[27]Farquharson H. The poverty of "Development Economics",by D Lal, Institute of Economic Affairs,Hobart Paperback,London, 1983[J]. Development Southern Africa,2008,2(2).

[28]Felipe J, Kumar U, Galope R. Middle-income Transitions:Trap or Myth? [J]. Social Science Electronic Publishing,2015,22(3).

[29]Fields G S. Poverty, Inequality, and Development:A Distributional Approach[J]. Journal of Policy Modeling,1981,3(3).

[30]Firpo S,Fortin N M,Lemieux T. Unconditional Quantile Regressions[J]. Econometrica,2009,77(3).

[31]Firpo S,Nicole M. Fortin,Thomas Lemieux. Decomposing Wage Distributions Using Recentered Influence Function Regressions[J]. Econometrics,2018,6(2).

[32]Forbes K J. A Reassessment of the Relationship between Inequality and Growth[J]. American Economic Review,2000,90(4).

[33]Galor O,Moav O,Vollrath D,et al. Inequality in Land Ownership,the Emergence of Human Capital[J]. Social Science Electronic Publishing,2009,76(1).

[34]Ghatak S, Ingersent K. Agriculture and Economic Development[J]. Social Research,1980,47(2).

[35]Gollin D, Parente S, Rogerson R. The Role of Agriculture in Development[J]. American Economic Review,2002,92(2).

[36]Gollin D,Parente S,Rogerson R. The Food Problem and the Evolution of International Income Levels [J]. Journal of Monetary Economics,2007,54(4).

［37］Grant K N. Relocation and Realignment：How the Great Migration Changed the Face of the Democratic Party［D］. Syracuse University,2014.

［38］Greenwood J, Jovanovic B. Financial Development, Growth, and the Distribution of Income［J］. Rcer Working Papers,1990,98(5).

［39］Hallock K F,Koenker R W. Quantile Regression［J］. Journal of Economic Perspectives,2001,15(4).

［40］Hertel,Thomas. Labor Market Distortions,Rural-urban Inequality,and the Openingn of China's Economy［J］. Economic Modelling,2006,23(1).

［41］Huang H C,Lin S C. Semiparametric Bayesian Inference of the Kuznets Hypothesis［J］. Journal of Development Economics,2007,83(2).

［42］IMF. Transition Economies：An IMF Perspective on Progress and Prospects［EB/OL］. https://www. imf. org/external/np/exr/ib/2000/110300. htm.

［43］Jann B. The Blinder-Oaxaca Decomposition for Linear Regression Models［J］. The Stata Journal,2008,8(4).

［44］John L S. First Majority—Last Minority：The Transforming of Rural Life in America［M］. DeKalb：Northern Illinois University Press. 1976.

［45］Kanbur R, Zhang X. Fifty Years of Regional Inequality inChina：A Journey Through Central Planning,Reform,and Openness［J］. Review of Development Economics,2005,9(1):87-106.

［46］Killewald A, Bearak J. Is the Motherhood Penalty Larger for Low-wage Women? A Comment on Quantile Regression［J］. American Sociological Review,2014(79).

［47］King M A. An Index of Inequality：With Applications to Horizontal Equity and Social Mobility［J］. Econometrica,1983,51(1).

［48］Knight J,Song L. The Rural-urban Divide：Economic Disparities and Interactions in China［M］. Oxford：Oxford University Press,1999.

［49］Koenker R, Bassett G W. Regression Quantiles［J］. Journal of Economic Perpectives,1978(15).

［50］Koenker R. Quantile Regression for Longitudinal Data［J］. Journal of

Multivariate Analysis,2004,91(1).

[51] Kuznets S, Thomas D S. Population Redistribution and Economic Growth in the United States: Population Data 1870 – 1960 [M]. Michigan: Interuniversity Consortium for Political and Social Research,1984.

[52] Kuznets S. Economic Growth and Income Inequality [J]. American Economic Review,1955,45(1).

[53] Landsberg H H. American Agriculture,1899–1939: A study of Output, Employment and Productivity[M]. New York: Arno Press,1942.

[54] Leuthold R M. Government Payments and the Distribution of Income in Agriculture[J]. American Journal of Agricultural Economics,1969,51(5).

[55] Loren Brandt,Dwayne Benjamin,Paul Glewwe,et al. Markets,Human Capital and Income Inequality in Rural China[J]. University of Toronto Law and Economics Research Paper,2000(4).

[56] Morduch J,Sicular T. Politics,Growth,and Inequality in Rural China: Does It pay to Join the Party? [J]. Journal of Public Economics,2000,77(3).

[57] Morduch J,Sicular T. Politics,Growth and Inequality in Rural China: Does It Pay To Join the Party? [C]// Harvard–Institute of Economic Research, 1998.

[58] Morduch J, Sicular T. Rethinking Inequality Decomposition, with Evidence from Rural China [J]. Economic Journal,2002,112(476).

[59] Moriguchi C,Saez E. The Evolution of Income Concentration in Japan, 1886–2005: Evidence from Income Tax Statistics[J]. Review of Economics & Statistics,2008,90(4).

[60] Oaxaca R. Male–Female Wage Differentials in Urban Labor Markets[J]. International Economic Review,1973,14(3).

[61] Parente S L, Prescott E C. Barriers to Riches [M]. Cambridge: The MIT Press,2000.

[62] Parente S L, Prescott E C. Barriers to Technology Adoption and Development[J]. Journal of Political Economy,1994,102(2).

[63] Parente S L,Prescott E C. Chapter 21—A Unified Theory of the Evolution

of International Income Levels [A]// Handbook of Economic Growth [M]. Washington:Elsevier B.V.,2005.

[64]Parente S L,Prescott E C. Monopoly Rights:A Barrier to Riches[J]. American Economic Review,1999,89(89).

[65]Paukert F. Income Distribution at Different Levels of Economic Development: A Survey of Evidence[J]. International Labour Review,1973,108(2).

[66]Piketty T,Saez E. The Evolution of Top Incomes:A Historical and International Perspective[J]. American Economic Review,2006,96(2).

[67]Restuccia D,Rogerson R. Policy Distortions and Aggregate Productivity with Heterogeneous Establishments [J]. Review of Economic Dynamics,2008, 11(4).

[68]Restuccia D,Yang D T,Zhu X. Agriculture and Aggregate Productivity:A Quantitative Cross-country Analysis [J]. Journal of Monetary Economics,2007, 55(2).

[69]Restuccia D. Barriers to Capital Accumulation and Aggregate Total Factor Productivity[J]. International Economic Review,2004,45(1).

[70]Rozelle S. Rural Industrialization and Increasing Inequality:Emerging Patterns in China's Reforming Economy[J]. Journal of comparative economics, 1994,19(3).

[71]Ryo K.,Daiji K.,Izumi Y. Wage Distribution in Japan,1989-2003[J]. Canadian Journal of Economics/revue Canadienne Déconomique,2008,41(4).

[72]Saith A.Development and Distribution:A Critique of the Cross-country U-hypothesis[J]. Journal of Development Economics,1983,13(3):367-382.

[73]Schultz T. Investment in Human Capital[J]. American Economic Review,1961,51(1).

[74]Shi L. Cumulative Causation and Inequality among Villages in China[J]. Oxford Development Studies,1997,25(2).

[75]Smits J P,Woltjer P,Ma D. A Dataset on Comparative Historical National Accounts,ca.1870-1950:A Time-Series Perspective[J]. Ggdc Research Memorandum,2009.

［76］Sukiassyan G. Inequality and Growth：What Does the Transition Economy Data Say? ［J］. Journal of Comparative Economics，2007，35（1）.

［77］The Distribution of Income in the United States in 1798：Estimates Based on the Federal Housing Inventory［J］. Ecological Indicators，1987，29（3）.

［78］Thurow L C. Analyzing the American Income Distribution ［J］. American Economic Review，1970，60（2）.

［79］Todaro M P. A Model of Labor Migration and Urban Unemployment in Less Developed Countries［J］. American Economic Review，1969，59（1）.

［80］Todaro M P. Economic Development in the Third World［M］. London：Longman，1981.

［81］United States. Bureau of the Census. Historical Statistics of the United States，Colonial times to 1970［M］. New York：Basic Books，1976.

［82］Weisskoff R. Income Distribution and Economic Growth in Puerto Rico，Argentina，and Mexico［J］. Review of Income & Wealth，1970，16（4）.

［83］Xu J，Pu L. Crop Insurance，Premium Subsidy and Agricultural Output［J］. Journal of Integrative Agriculture，2014，13（11）.

［84］Yong. Rural-urban Migration and Dynamics of Income Distribution in China：A Non-parametric Approach［J］. China & World Economy，2011，19（6）.

［85］［英］阿弗里德·马歇尔. 经济学原理［M］. 廉运杰，译. 北京：华夏出版社，2017.

［86］［印］阿马蒂亚·森. 以自由看待发展［M］. 任赜，于真，译. 北京：中国人民大学出版社，2002.

［87］白雪洁，李琳，宋培. 兼顾效率与公平：中国数字经济发展对经济增长与收入不平等的影响研究［J］. 西安交通大学学报（社会科学版），2023，43（1）.

［88］蔡昉，都阳. 我们需要什么样的劳动力市场制度［J］. 吉林大学社会科学学报，2005（5）.

［89］蔡昉，王美艳. 从穷人经济到规模经济：发展阶段变化对中国农业提出的挑战［J］. 经济研究，2016（5）.

［90］蔡昉，王美艳. 为什么劳动力流动没有缩小城乡收入差距［J］. 经

济学动态，2009(8).

[91]蔡昉，王美艳. 中国面对的收入差距现实与中等收入陷阱风险[J]. 中国人民大学学报，2014，28(3).

[92]蔡昉，杨涛. 城乡收入差距的政治经济学[J]. 中国社会科学，2000(4).

[93]蔡昉. 城乡收入差距与制度变革的临界点[J]. 中国社会科学，2003(5).

[94]蔡昉. 发展阶段转折点与劳动力市场演变[J]. 经济学动态，2007(12).

[95]蔡昉. 收入差距缩小的条件：经济发展理论与中国经验[J]. 甘肃社会科学，2007(6).

[96]蔡昉. 引领新常态才有中高速[J]. 经济研究，2015(12).

[97]蔡昉. 中国经济改革效应分析：劳动力重新配置的视角[J]. 经济研究，2017(7).

[98]蔡昉. 中国收入分配：完成与未完成的任务[J]. 中国经济问题，2013(5).

[99]蔡继明. 中国城乡比较生产力与相对收入差别[J]. 经济研究，1998(1).

[100]蔡立雄，何炼成. 中国农村经济市场化指数：各地区的相对进程研究[J]. 经济学家，2008(2).

[101]蔡彤. 技术进步、要素市场化与二元结构转型[J]. 暨南学报(哲学社会科学版)，2003(2).

[102]曹菲，聂颖. 产业融合、农业产业结构升级与农民收入增长：基于海南省县域面板数据的经验分析[J]. 农业经济问题，2021(8).

[103]曹泽华. 以新的历史视野认识和思考"三农"问题[J]. 求实，2003(11).

[104]钞小静，沈坤荣. 城乡收入差距、劳动力质量与中国经济增长[J]. 经济研究，2014(6).

[105]陈林兴；黄祖辉. 中国省际农村居民收入趋同性分析[J]. 中国农村经济，2014(4).

［106］陈美衍. 市场化收入差距变化机理与政策含义［J］. 经济学家，2006（6）.

［107］陈强. 高级计量经济学及 Stata 应用［M］. 北京：高等教育出版社，2010.

［108］陈素琼，张广胜，刘忠敏. 农民收入的收敛性及影响因素的实证分析：以辽宁省为例［J］. 经济问题，2011（7）.

［109］陈锡文. 全面建设小康社会的关键在农村［J］. 经济研究，2002（12）.

［110］陈奕平. 农业人口外迁与美国的城市化［J］. 美国研究，1990（3）.

［111］陈阵. 美国农业补贴政策研究［M］. 北京：经济科学出版社，2013.

［112］陈宗胜，杨希雷. 中国居民收入流动性的新趋向研究［J］. 中国人口科学，2023，37（4）.

［113］陈宗胜. 倒 U 曲线的"阶梯形" 变异［J］. 经济研究，1994（5）.

［114］陈宗胜. 关于收入差别倒 U 曲线及两极分化研究中的几个方法问题［J］. 中国社会科学，2002（5）.

［115］陈宗胜. 经济发展中的收入分配. 修订版［M］. 上海：格致出版社，2014.

［116］陈宗胜. 中国经济体制市场化进程研究［M］. 上海：上海人民出版社，1999.

［117］程开明，李金昌. 城市偏向、城市化与城乡收入差距的作用机制及动态分析［J］. 数量经济技术经济研究，2007，24（7）.

［118］程名望，Yanhong，盖庆恩，等. 农村减贫：应该更关注教育还是健康？——基于收入增长和差距缩小双重视角的实证［J］. 经济研究，2014（11）.

［119］程名望，史清华，Jin Yanhong，等. 农户收入差距及其根源：模型与实证［J］. 管理世界，2015（7）.

［120］程名望，史清华，Jin Yanhong. 农户收入水平、结构及其影响因素：基于全国农村固定观察点微观数据的实证分析［J］. 数量经济技术经济

研究，2014，31(5)．

[121]程漱兰，周文根．农民收入政策演变的国际比较[J]．中国软科学，1998(11)．

[122]程伟．基于双重法的经济规模国际可比[J]．求索，2008(3)．

[123][美]D．盖尔·约翰逊．经济发展中的农业、农村、农民问题[M]．林毅夫，赵耀辉，编译．北京：商务印书馆，2004．

[124]杜楠，吕翔，朱晓禧，等．美国农业现代化历程及其对中国的启示研究[M]．北京：中国农业科学技术出版社，2017．

[125]番绍立．中国农业补贴政策效应：理论解析、实证检验与政策优化[D]．大连：东北财经大学，2016．

[126]樊纲．"福利赶超"与"增长陷阱"：拉美的教训[J]．管理世界，2008(9)．

[127]方桂堂．农民增收的多维路径及当下选择：北京个案[J]．改革，2014(3)．

[128]费孝通．乡土中国[M]．上海：上海人民出版社，2019．

[129]冯海发，李桂娥．试论农业份额下降规律[J]．农业经济问题，1989(4)．

[130]冯继康．美国农业补贴政策：历史演变与发展走势[J]．中国农村经济，2007(3)．

[131]甘犁．来自中国家庭金融调查的收入差距研究 [J]．经济资料译丛，2013(4)．

[132]高帆．中国居民收入差距变动的因素分解：趋势及解释[J]．经济科学，2012(3)．

[133]高梦滔，姚洋．农户收入差距的微观基础：物质资本还是人力资本？[J]．经济研究，2006(12)．

[134]高鸣，王颖．农业补贴政策对粮食安全的影响与改革方向[J]．华南农业大学学报(社会科学版)，2021，20(5)．

[135]公茂刚，李汉瑾．中国农业补贴政策效果及优化[J]．学术交流，2022(3)．

[136]郭继强，姜俪，陆利丽．工资差异分解方法述评[J]．经济学(季

刊),2011,10(2).

[137]郭剑雄.人力资本、生育率与城乡收入差距的收敛[J].中国社会科学,2005(3).

[138]郝令昕,丹尼尔·Q.奈曼.分位数回归模型[M].上海:上海人民出版社,2012.

[139]郝淑玲,范建平,米子川.流动人口收入差距的统计测度与比较[J].统计与决策,2023,39(14).

[140]何军.代际差异视角下农民工城市融入的影响因素分析:基于分位数回归方法[J].中国农村经济,2011(6).

[141]何一峰.转型经济下的中国经济趋同研究:基于非线性时变因子模型的实证分析[J].经济研究,2008(7).

[142]胡霞.中国农业成长阶段论:成长过程、前沿问题及国际比较[M].北京:中国人民大学出版社,2011.

[143]黄季焜.对农民收入增长问题的一些思考[J].经济理论与经济管理,2000(1).

[144]黄少安.制约农民致富的制度分析[J].学术月刊,2003(6).

[145]黄素心,王春雷.农村居民收入差距的演变与收敛:基于省际数据的实证研究[J].广西民族大学学报(哲学社会科学版),2009,31(6).

[146]黄祖辉,陆建琴,王敏.城乡收入差距问题研究:基于收入来源角度的分析[J].浙江大学学报(人文社会科学版),2005(4).

[147]黄祖辉,王敏.农民收入问题:基于结构和制度层面的探析[J].中国人口科学,2002(4).

[148][美]霍利斯·钱纳里,谢尔曼·鲁宾逊,摩西·赛尔奎因,等.工业化和经济增长的比较研究[M].吴奇,王松宝,等译.上海:格致出版社,2015.

[149]贾康.财政体制改革与收入分配结构调整[J].上海国资,2010(12):12.

[150]贾生华.农业份额下降与农业发展[J].经济研究,1988(11).

[151]姜长云.中国农民收入增长趋势的变化[J].中国农村经济,2008(9).

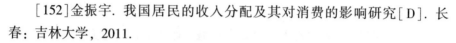
[152]金振宇. 我国居民的收入分配及其对消费的影响研究[D]. 长春：吉林大学，2011.

[153]靳涛，邵红伟. 最优收入分配制度探析：收入分配对经济增长倒"U"形影响的启示[J]. 数量经济技术经济研究，2016(5).

[154]卡莱尔·福特·朗格，徐更生. 抨击农业保护主义[J]. 国际经济评论，1989(8).

[155]柯炳生. 关于我国农民收入问题的若干思考[J]. 农业经济问题，2005(1).

[156]赖小琼，黄智淋. 财政分权、通货膨胀与城乡收入差距关系研究[J]. 厦门大学学报(哲学社会科学版)，2011(1).

[157]李稻葵. 财政税收体制需要调整[J]. 英才，2011(1).

[158]李赓. 1920年代美国农业立法研究[D]. 福州：福建师范大学，2016.

[159][英]李嘉图. 政治经济学及赋税原理[M]. 丰俊功，译. 北京：光明日报出版社，2009.

[160]李静茹. 西方经济学收入分配理论的比较研究[D]. 大连：东北财经大学，2010.

[161]李伶俐，谷小菁，王定祥. 财政分权、城市化与城乡收入差距[J]. 农业技术经济，2013(12).

[162]李明，邵挺，刘守英. 城乡一体化的国际经验及其对中国的启示[J]. 中国农村经济，2014(6).

[163]李宁辉，孙继伟. 我国农村农业投资问题分析[J]. 统计研究，2006(6).

[164]李群峰. 基于分位数回归的面板数据模型估计方法[J]. 统计与决策，2011(17).

[165]李任玉，杜在超，何勤英，等. 富爸爸、穷爸爸和子代收入差距[J]. 经济学(季刊)，2015(1).

[166]李实，罗楚亮. 中国收入差距究竟有多大？——对修正样本结构偏差的尝试[J]. 经济研究，2011(4).

[167]李实，朱梦冰. 推进收入分配制度改革　促进共同富裕实现[J].

管理世界，2022，38（1）.

[168]李实. 我国市场化改革与收入分配[J]. 上海金融学院学报，2010（2）.

[169]李实. 中国经济转轨中劳动力流动模型[J]. 经济研究，1997（1）.

[170]李晓钟，李俊雨. 数字经济发展对城乡收入差距的影响研究[J]. 农业技术经济，2022（2）.

[171]林南. 社会资本：关于社会结构与行动的理论[M]. 上海：上海人民出版社，2005.

[172]林淑君，郭凯明，龚六堂. 产业结构调整、要素收入分配与共同富裕[J]. 经济研究，2022，57（7）.

[173]林毅夫，刘明兴. 中国的经济增长收敛与收入分配[J]. 世界经济，2003（8）.

[174]刘纯彬，陈冲. 我国省际间农民收入差距的地区分解与结构分解：1996—2008[J]. 中央财经大学学报，2010（12）.

[175]刘社建，徐艳. 城乡居民收入分配差距形成原因及对策研究[J]. 财经研究，2004（5）.

[176]刘自强，张天. 数字普惠金融对农民收入的影响及其空间溢出效应[J]. 当代经济研究，2021（12）.

[177]陆万军. 收入分配对经济增长的影响机理与传导机制[J]. 经济学家，2012（5）.

[178][美]罗斯托. 经济成长的阶段：非共产党宣言[M]. 国际关系研究所编译室，译. 北京：商务印书馆，1962.

[179]骆永民，樊丽明. 土地：农民增收的保障还是阻碍？[J]. 经济研究，2015，50（8）.

[180]马光荣，杨恩艳. 中国式分权、城市倾向的经济政策与城乡收入差距[J]. 制度经济学研究，2010（1）.

[181]马万里，李齐云，张晓雯. 收入分配差距的财政分权因素：一个分析框架[J]. 经济学家，2013（4）.

[182]马晓河，蓝海涛，黄汉权. 工业反哺农业的国际经验及我国的

政策调整思路[J]. 管理世界，2005(7).

[183]马晓河. 结构转换与农业发展[M]. 北京：商务印书馆，2004.

[184]孟凡强，邓保国. 劳动力市场户籍歧视与城乡工资差异：基于分位数回归与分解的分析[J]. 中国农村经济，2014(6).

[185]穆月英，崔燕，曾玉珍. 我国城乡居民收入差距成因和收敛趋势分析[J]. 经济问题，2010，(7).

[186]穆月英. 中国农业补贴政策的理论及实证分析[M]. 北京：中国农业出版社，2008.

[187]彭超，潘苏文，段志煌. 美国农业补贴政策改革的趋势：2012年美国农业法案动向、诱因及其影响[J]. 农业经济问题，2012，33(11).

[188]彭超. 美国2014年农业法案的市场化改革趋势[J]. 世界农业，2014(5).

[189]彭超. 我国农业补贴基本框架、政策绩效与动能转换方向[J]. 理论探索，2017(3).

[190]彭超. 中国农业补贴政策的影响研究[M]. 北京：中国农业出版社，2013.

[191]蒲淳. 对农业的再认识[J]. 管理世界，1999(6).

[192]齐皓天，彭超. 我国农业政策如何取向：例证美农业法案调整[J]. 重庆社会科学，2015(1).

[193][美]钱纳里，[以]塞尔昆. 发展的格局：1950—1970[M]. 李小青，等译. 北京：中国财政经济出版社，1989.

[194][美]钱纳里，[以]塞尔昆. 发展的型式：1950—1970[M]. 李新华，译. 北京：经济科学出版社，1988.

[195][意]乔瓦尼·费德里科. 养活世界：农业经济史1800—2000[M]. 何秀荣，译. 北京：中国农业大学出版社，2011.

[196]屈小博，都阳. 中国农村地区间居民收入差距及构成变化：1995—2008年：基于基尼系数的分解[J]. 经济理论与经济管理，2010(7).

[197]邵红伟，靳涛. 收入分配的库兹涅茨倒U曲线：跨国横截面和面板数据的再实证[J]. 中国工业经济，2016(4).

[198]盛来运. 农民收入增长格局的变动趋势分析[J]. 中国农村经济，

2005(5).

[199][印]苏布拉塔·加塔克,肯·英格森特. 农业与经济发展[M]. 吴伟东,韩俊,李发荣,译. 北京:华夏出版社,1987.

[200]苏瑜,万宇艳. 分位数回归的思想与简单应用[J]. 统计教育,2009(10).

[201][日]速水佑次郎,神门善久. 农业经济论(新版)[M]. 沈金虎,等译. 北京:中国农业出版社,2003.

[202]孙博文. 我国农业补贴政策的多维效应剖析与机制检验[J]. 改革,2020(8).

[203]孙继辉. 增加农民收入的新思路[J]. 管理世界,2004(4).

[204]孙宁华,堵溢,洪永淼. 劳动力市场扭曲、效率差异与城乡收入差距[J]. 管理世界,2009(9).

[205]孙文凯,路江涌,白重恩. 中国农村收入流动分析[J]. 经济研究,2007(8).

[206]谭智心,周振. 农业补贴制度的历史轨迹与农民种粮积极性的关联度[J]. 改革,2014(1).

[207]唐茂华. 城市群发展的新趋势及其启示[J]. 晋阳学刊,2006(1).

[208]田维明. 中国农产品价格政策分析模型[J]. 农业技术经济,1991(4).

[209]田新民,王少国,杨永恒. 城乡收入差距变动及其对经济效率的影响[J]. 经济研究,2009(7).

[210]万广华. 中国农村区域间居民收入差异及其变化的实证分析[J]. 经济研究,1998(5).

[211]汪昊,娄峰. 中国间接税归宿:作用机制与税负测算[J]. 世界经济,2017,40(9).

[212]王宏. 全面建设小康社会的重点:增加农民收入[J]. 学习与探索,2004(1).

[213]王洪会,何彦林. 1929—1933年经济危机后的美国农业保护政策及其启示[J]. 长春理工大学学报(社会科学版),2011,24(8).

［214］王洪亮，孙国锋. 关于农民收入收敛性的实证分析：基于 Panel Data 的经验研究［J］. 经济问题，2007（8）.

［215］王健. 转型国家经济增长研究：基于索罗模型基础上的分析［D］. 上海：复旦大学，2005.

［216］王晶. 农村市场化、社会资本与农民家庭收入机制［J］. 社会学研究，2013（3）.

［217］王丽莉，文一. 中国能跨越中等收入陷阱吗？——基于工业化路径的跨国比较［J］. 经济评论，2017（3）.

［218］王鹏飞，彭虎锋. 城镇化发展影响农民收入的传导路径及区域性差异分析：基于协整的面板模型［J］. 农业技术经济，2013（10）.

［219］王韬，毛建新. 流动人口家庭与城镇家庭的消费差异：基于分位数回归的分析［J］. 人口与经济，2015（4）.

［220］王小鲁，樊纲，余静文. 中国分省份市场化指数报告（2016）［M］. 北京：社会科学文献出版社，2017.

［221］王小鲁，樊纲. 中国收入差距的走势和影响因素分析［J］. 经济研究，2005（10）.

［222］王晓涛，宋晓梧，程建林. 中国居民收入分配年度报告（2016）［M］. 北京：社会科学文献出版社，2016.

［223］王亚男，张明斗. 农业产业集聚与城乡收入差距：基于社会资本调节效应的再考察［J］. 江汉论坛，2022（10）.

［224］王艺璇，穆月英. 加入 WTO 以来中国农业补贴政策的实施与调整［J］. 中国农学通报，2009，25（6）.

［225］［美］威廉·阿瑟·刘易斯. 二元经济论［M］. 施炜，等译. 北京：经济学院出版社，1989.

［226］魏下海，余玲铮. 我国城镇正规就业与非正规就业工资差异的实证研究：基于分位数回归与分解的发现［J］. 数量经济技术经济研究，2012（1）.

［227］温涛，冉光和，熊德平. 中国金融发展与农民收入增长［J］. 经济研究，2005（9）.

［228］温兴祥. 城镇化进程中外来居民和本地居民的收入差距问题［J］.

人口研究，2014，38（2）.

[229]吴一癸. 美国南部现代化过程中的农业劳动力转移研究（1938—1970）[D]. 南昌：江西师范大学，2016.

[230]吴振宇，何建武. 转型期风险防范与跨越中等收入陷阱[J]. 中国经济报告，2018（3）.

[231][美]西蒙·库兹涅茨. 各国的经济增长[M]. 常勋，等译. 北京：商务印书馆，2022.

[232]夏庆杰，李实，宋丽娜，等. 国有单位工资结构及其就业规模变化的收入分配效应：1988—2007[J]. 经济研究，2012（6）.

[233]夏庆杰，孙祁祥，庄晨. 中国经济转型时期性别工资差异分析[J]. 社会科学战线，2015（10）.

[234]肖卫，朱有志，肖琳子. 二元经济结构、劳动力报酬差异与城乡统筹发展：基于中国 1978—2007 年的实证分析[J]. 中国人口科学，2009（4）.

[235]熊子怡，张科，何宜庆. 数字经济发展与城乡收入差距：基于要素流动视角的实证分析[J]. 世界农业，2022（10）.

[236]徐更生. 美国当前的农业危机[J]. 世界农业，1986（5）.

[237]徐更生. 美国农业政策的历史回顾[J]. 世界农业，1987（7）.

[238]徐更生. 美国农业政策的重大变革[J]. 世界经济，1996（7）.

[239]徐更生. 美国农业政策改革的趋势[J]. 世界农业，1991（6）.

[240]徐更生. 美国新农业法：取消价格和收入补贴[J]. 改革，1996（5）.

[241]徐更生. 中国社会科学院文库·美国农业政策[M]. 北京：经济管理出版社，2007.

[242]徐舒. 技术进步、教育收益与收入不平等[J]. 经济研究，2010（9）.

[243]徐翔，王洪亮. 关于农民增收途径的实证分析：以江苏为例[J]. 生产力研究，2003（2）.

[244]徐志刚，宁可，朱哲毅，等. 市场化改革、要素流动与我国农村内部收入差距变化[J]. 中国软科学，2017（9）.

[245]薛亚梅. 农业结构调整及发展趋势[J]. 经济师，2004（9）.

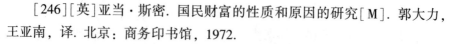
[246][英]亚当·斯密. 国民财富的性质和原因的研究[M]. 郭大力，王亚南，译. 北京：商务印书馆，1972.

[247]严斌剑，周应恒，于晓华. 中国农村人均家庭收入流动性研究：1986—2010年[J]. 经济学(季刊)，2014，13(3).

[248]阎大颖. 中国各地区市场化进程差异对收入分配的影响[J]. 上海财经大学学报，2007，9(5).

[249]阎大颖. 中国市场化进程与各地区的城乡收入差距：内在联系与影响机制[J]. 当代财经，2007(10).

[250]杨春华，杨洁梅，彭超. 美国2014农业法案的主要特点与启示[J]. 农业经济问题，2017，38(3).

[251]杨锦英，马良，方峥，等. 中国城镇地区性别工资差异问题新探：基于无条件分位数回归和再次分解方法[J]. 政治经济学评论，2016，7(1).

[252]杨明灿. 新疆农业资本深化研究[D]. 乌鲁木齐：新疆师范大学，2016.

[253]杨明洪，孙继琼. 中国地区差距时空演变特征的实证分析：1978—2003[J]. 复旦学报(社会科学版)，2006(1).

[254]杨希雷，黄杏子. 非正规就业抑制了居民家庭收入向上流动吗[J]. 经济学家，2023(8).

[255]尹成杰. 农民持续增收动力：内部动力与外部动力相结合[J]. 中国农村经济，2006(1).

[256]于晓华，武宗励，周洁红. 欧盟农业改革对中国的启示：国际粮食价格长期波动和国内农业补贴政策的关系[J]. 中国农村经济，2017(2).

[257]余芳东. 对购买力平价和汇率在GDP国际比较中的重新评价：兼评中国经济总量在世界的地位[J]. 统计研究，1997(6).

[258]余芳东. 国外基尼系数[J]. 调研世界，2013(5).

[259]余泳泽，庄海涛，刘大勇，等. 高铁开通是否加速了技术创新外溢？——来自中国230个地级市的证据[J]. 财经研究，2019，45(11).

[260][美]约翰·贝茨·克拉克. 财富的分配：关于工资、利息与利润的理论[M]. 北京：经济科学出版社，2014.

[261]曾国安，胡晶晶. 2000年以来中国城乡居民收入差距形成和扩大

的原因：收入来源结构角度的分析[J].财贸经济，2008(3).

[262]曾卓然.市场化进程下二元经济结构对城乡居民收入差距的影响分析[J].经济问题探索，2019(12).

[263]张车伟，程杰.收入分配问题与要素资本化：我国收入分配问题的"症结"在哪里？[J].经济学动态，2013(4).

[264]张车伟，王德文.农民收入问题性质的根本转变：分地区对农民收入结构和增长变化的考察[J].中国农村观察，2004(1).

[265]张平.中国农村居民区域间收入不平等与非农就业[J].经济研究，1998(8).

[266]张全跃.嘉兴市农民增收政策影响实证研究[J].浙江统计，2009(2).

[267]张曙光，赵农.市场化及其测度[J].经济研究，2000(10).

[268]张晓山.关键是产业结构和就业结构的调整[J].农村工作通讯，2003(6).

[269]章莉，蔡文鑫.中国劳动力市场收入户籍歧视的无条件分位数分解[J].复旦学报(自然科学版)，2017，56(1).

[270]赵惠敏，张帆.我国居民收入差距调控的财税政策研究[J].税务与经济，2023(5).

[271]赵剑治，陆铭.关系对农村收入差距的贡献及其地区差异：一项基于回归的分解分析[J].经济学(季刊)，2010，9(1).

[272]钟钰，蓝海涛.中高收入阶段农民增收的国际经验及中国农民增收趋势[J].农业经济问题，2012(1).

[273]周兴，张鹏.代际间的职业流动与收入流动：来自中国城乡家庭的经验研究[J].经济学(季刊)，2014，10(1).

[274]朱满德，程国强.中国农业政策：支持水平、补贴效应与结构特征[J].管理世界，2011(7).

[275]朱平芳，张征宇.无条件分位数回归：文献综述与应用实例[J].统计研究，2012，29(3).

后　记

　　农民收入问题对我来说是个太过宏大的问题，当初导师建议我选择这个方向作为博士论文选题时我曾做过很长一段时间的心理斗争，生怕自己驾驭不了这个题目。虽然现在的研究仍有很多不完善的地方，甚至有一章数据因为单位搬家无法更新而显得有些陈旧，也有一些没有找到答案的问题需要继续思考，但回望研究过程的艰辛，我也想用一句"轻舟已过万重山"来表达此刻的兴奋和激动。读博的五年和赴闽西革命老区挂职锻炼的一年，都是我人生旅途中特别值得珍惜和回忆的重要时段，特别是此刻坐在福建省龙岩市农业农村局的办公室里写下后记两字时，更觉意义非常。

　　到中国人民大学读博士对我而言是一个漫长的过程，所谓漫长不仅是求学的时间，更是指准备的时间。2007年我误打误撞考入了农业农村部农村经济研究中心，从青岛来到陌生的北京工作，由于专业不同，读博深造的想法自我入职工作第一天就开始了。我真正有资格报考博士是在2010年，也是在符合政策的第一年我就报名了。也可能是因为周边的博士太多了，所以在读博之前自己对博士学位是有一种误解或偏见的，甚至有一种说法很流行：没有毕不了业的硕士，也没有考不上的博士。现在想想，博士这个学位对人的磨砺锻炼显然是没有读过的人不可想象的，对于我这种在职求学的人来说，这个经历弥足珍贵。

　　因为种种原因，真正能够读博时已经是2013年，这时已经是我的第四次入学考试。对于在中国人民大学的读书机会，我十分珍惜。而进入唐门又是一种别样的幸福。读博以后，我逐渐体会到，学术生涯的道路崎岖漫长，但如果这一路上有一群志同道合的人相伴，漫漫长路则会化为令人心旷神怡的美景而不再令人畏惧。在唐门读书就是这样一种感觉。第一次参加师门会时我就被睿智博学的唐忠老师折服，老师的站位高度、对问题的思考深度每每让我收获良多。在跟师姐的一次交流中我才知道，有这种感觉的人不止我一个，也许大家风范就是如此。以至于后来为了跟上老师的逻辑，吸收唐老师的思想，师门会时经常有人在做录音记录。作为在职学生，跟老师的交流机会不及在校的同学多，每次的师门会都是我的一次深入思考的过程。在这个过程中，与老师的交流、与师门同学的互动是一种非常美妙的体验，每次思想火花的碰撞都让我感觉离光明的大道又近了一步。交流、探讨是我在唐门学到的第一课。谦和、大度则是唐老师给我的第二印象，我同时认为这也是一位好老师和真正优秀的学者必备的素养。抱着谦逊的心态学习可以让我们时刻保持清醒的头脑，怀有包容的态度可以让我们获得持续前进的动力。荀子云：君子贤而能容罢，知而能容愚，博而能容浅，粹而能容杂。在唐老师身上学到的这种包容并蓄的精神将使我受益一生，相信有了心头的这份泰然，未来才能做到雨来不惧、风来不动、雷打不惊。

收获 2013 级博士班和师门兄弟姐妹的深厚友谊则是我始料未及的。在来读博士之前，我曾认为博士学位的修行是一趟孤独的旅程，因为读博士的人年纪偏大，思想独立，同学之间很难建立像本科、硕士同学那样的友谊。但来到这个博士班之后，我的想法彻底改变了。班主任王西琴老师、班长周振，以及吕建兴、朱海波、路玉彬、郑明赋、张璟等很多同学都在学习、工作和生活上给予了我莫大的帮助和鼓励。师姐张璋、翁燕珍，师兄陈彬、蔡键，师弟袁航、朱炯、陈安然、包云娜，师妹曾雅婷、王晓睿、钟晓萍等也在论文选题、写作及各种日常琐事中给了我很大支持。舍友王钥更是陪我度过了很多个假期和周末，在学校住宿的两年时间，我仿佛又回到了大学生活，与朝气蓬勃的同学一起出入图书馆、教室，在知识的海洋中遨游，与大师在思想中对话，这种学习的快乐和校园生活的单纯美好让我每每想起总会在心中泛起快乐的浪花。暂时抛开生活工作的烦恼，与比自己小将近 10 岁的年轻人一起学习真的是一种幸运。

学院曾寅初老师、郑风田老师、孔祥智老师、王志刚老师、谭淑豪老师等都在论文开题、修改过程中给予了我大量建设性的建议和意见，在此也一并感谢。领导和同事也给予了我很多关怀和帮助。当时的宋洪远主任、陈洁副主任数次关注我的论文进展，问候我的家庭和工作情况，曹慧处长、张照新研究员、谭智心博士、孙昊博士在处室工作中给予了我诸多包容和谅解。高鸣博士在论文最后写作阶段与我多次讨论，并在计量模型方面提出了很多恳切建议，在此特别感谢。廖洪乐研究员在阅读我的论文后提出了一些针对性很强的建议和鼓励，让我非常感动。

家人给予的支持则是我无以言表的。从孩子满月的第一天，我就开始了博士入学考试的复习。这期间我的爱人在山东挂职，我和孩子在老家由父母照顾。感谢他们不辞辛劳地付出，让我得以安心复习功课。整个产假期间，我与孩子一起过着饭来张口、衣来伸手的日子，如果没有他们的付出，我恐怕不能实现读博的愿望。产假结束回京时我也到了上班、开学的日子。我的婆婆又接过了照顾孩子的接力棒，并且基本保持了半年仅回家一次的频率无怨无悔地照顾孩子。公公因为上班关系不能到京，但我们也清楚，独自一人留守的日子其实并不好过。就在母亲和婆婆轮流来京半年的接力中，我们这个小家一直在父母的庇护下陪伴孩子一起长大。我的母亲和婆婆基本是随叫随到。在父母长期的包容、付出下，我们甚至感觉这样的日子理所当然。直到我的母亲、父亲接连病倒的一刻，我才真正体会到长大的滋味，也真正明白了上有老、下有小的含义。当然，也特别庆幸爱人和公婆都如此善解人意，他们给予了我精神上的极大支持，与我一起帮助我的父母渡过了难关。虽然博士学习的后半程开始变得艰辛，但这些困难也让家人变得更加团结、包容，我和爱人也才真正地长大了。因为学习、工作的任务较重，爱人后来承担了很多照顾、教育孩子的责任。在博士论文的写作阶段，爱人也一直包容我压力之下的坏脾气，他每次以爱化解戾气的做法都让我非常感动。

毕业后带着唐忠老师"保持你的好奇心"的殷殷嘱托，我开始了后续的摸索和学习。毕业几年里我开始关注智慧农业、数字乡村等农业农村领域的数字技术应用问题，这些新技术的应用又会对农民收入产生哪些影响，我想是值得关注的，可以作为后续的探讨话题。今年我有幸来到福建龙岩市挂职，农民收入问题也由之前的学术探讨变为需要面对的实际困难，政策的出台、项目的设计要如何更好发挥出联农带农的作用，都是我们需要思考的问题。

书稿完成的一刻我心中尚有很多遗憾，很多想做的事情其实刚刚开头，我知道，这是结束，但更是开始。就让我带着博士期间的所学所悟砥砺奋进，带着福建龙岩的所感所思继续前行吧！

题外话，今年是我博士入学以来的第十年，今天恰是我家二宝的 4 岁生日，可惜我人在福建不能亲自陪伴，且以这份书稿作为给他的生日礼物吧！

刘景景

2023 年 11 月 5 日于福建龙岩